好妈妈胜过好老师

Good Mother Is Better Than A Good Teacher

文　竹◎著

中国商业出版社

图书在版编目(CIP)数据

好妈妈胜过好老师 / 文竹著. — 北京：中国商业出版社, 2016.8

ISBN 978-7-5044-9437-5

Ⅰ. ①好… Ⅱ. ①文… Ⅲ. ①家庭教育 Ⅳ. ①G78

中国版本图书馆 CIP 数据核字(2016)第 113580 号

责任编辑：姜丽君

中国商业出版社出版发行

（100053 北京广安门内报国寺 1 号）

010-63180647 www.c-cbook.com

新华书店总店北京发行所经销

三河市三佳印刷装订有限公司印刷

*

710×1000 毫米 1/16 开 17 印张 230 千字

2016 年 9 月第 1 版 2016 年 9 月第 1 次印刷

定价：36.80 元

* * * *

（如有印装质量问题可更换）

序 言

孩子的成长99%靠妈妈

家庭教育、学校教育、社会教育是“教育”的三大支柱。在个人成长和发展的过程中，家庭教育扮演了启蒙的角色，对孩子良好习惯、道德、品格的培养，对孩子智力、潜能的开发，发挥着不可替代的作用。妈妈作为孩子的第一任老师，不仅要用心抚养子女，还要主动承担起家庭教育的责任，高度重视孩子早期的培养和开发。

我国自古就形成了重视家庭教育的良好传统，而现代教育学研究表明，个人一切道德教育和品质的培养，如果能够在“幼稚之时”就进行训诫、诱导，使其“习与智长、化与心成”，那么成人之后就能自觉遵守必要的道德规范。因此，中国家长非常重视对幼儿的启蒙教育和养成教育，强调培育良好的家风，并形成了影响深远的家教文化。

今天，我国社会正经历着一场深远的变革，家庭结构也进行着巨大的转型，这为家庭教育提出了新的挑战。在这一背景下，家庭教育的作用不是降低了，而是增强了。因为，孩子为了适应未来激烈的竞争和挑战，更需要从小进行潜能开发，更需要高质量的家庭教育。

妈妈在孩子成长过程中扮演着重要角色。妈妈对子女的了解与关爱，子女对妈妈的信任与依赖，形成一种特殊的联系，最有利于孩子早期教育的开展。显然，一个称职的妈妈扮演好自己的角色，有助于孩子赢在起跑线上。

一位美国教育家指出：“父母在教育中所扮演的角色与使命成功与否，对孩子未来的发展有决定性的影响。”显然，妈妈能否在孩子成长中的关键时刻扮演好自己的角色，将决定孩子能否培养良好的习惯、品格，能否在学习、社交、理财等方面打下良好的基础。

本书从赏识教育、品格塑造、习惯养成、学习理念、情商开发、社交规则、自控练习、挫折训练、理财课堂、心理关怀、安全意识等11个方面，结合生动而真实的案例，全面总结了好妈妈不吼不叫教育孩子的完美攻略。书中的家庭教育理念和方法具有可操作性，并且行之有效，是好妈妈培养优秀孩子的实战宝典。

童年是孩子一生中最珍贵的时光，也是他们奠定未来发展基础的关键时刻，而妈妈在其中扮演着关键作用。做一个好妈妈不可缺少的、应有的态度是，重视对孩子成长影响深远的家庭教育主题，懂得在上面多花些心思，帮助孩子迈出成长的第一步、摆脱成长的烦恼、收获成长的喜悦。这样一来，孩子才能少一些遗憾、多一些快乐。多年以后，孩子回忆起成长的往事，才能捧起这些美好的记忆，对妈妈感恩一生。

孩子成长的每个关键时刻，都需要妈妈在场。本书不仅能帮助好妈妈掌握必要的家教理念，帮助孩子获得健康成长的快乐，还能在妈妈与孩子之间形成一种互动——让妈妈了解孩子、让孩子关爱妈妈，实现亲子和谐的家庭氛围。

目 录

第一章 好妈妈的赏识教育：大胆说出“孩子你真棒”

“使人发挥最大能力的方法，就是赞美和鼓励。”赞赏能带给人满足感，是人性中最深切的素质，是被人赏识的渴望。好妈妈主动鼓励和赞扬孩子，给他们的心灵注入阳光，从而培养出了不起的新一代。

第二章 好妈妈的品格塑造：“言传身教”养育有出息的孩子

“每个瞬间，你看到孩子，也就看到了自己；你教育孩子，也就在教育自己并检验自己的人格。”从小培养孩子做人做事的良好品格，能帮助他们具备未来成功的必备品质。因此，如何培养孩子的独立人格、勤奋个性、谦虚谨慎的作风，是好妈妈重要的必修课。

第三章　好妈妈的习惯养成：好习惯是孩子终生的财富

儿童生来具有各种本能和反射，能在环境中形成多种多样的习惯，从而影响未来的人生。这种情况大多发生在儿童早期；所以，在这个时期要注意引导孩子养成良好的习惯，为将来的发展打下坚实的基础。

第四章　好妈妈的学习理念：提高孩子学习成绩的科学建议

带领孩子学会“学习”，不但要让孩子知道怎样读书、如何思考，更重要的是适应当今以及未来社会发展趋势，让孩子确立终身学习的理念、明白困顿时候学习的必要性、与实践结合学习的重要性。

第五章 好妈妈的情商开发：再忙也要当好孩子的情绪教练

比“智商”更重要的是“情商”。心理学研究表明，处于积极情绪的孩子很少生病、心态乐观、享受亲密的家庭关系、学习事半功倍。如果你还在为了家庭教育问题发愁，不妨先让自己成为一名合格的情绪教练。

第六章 好妈妈的社交规则：帮助孩子提高社交商的有效方法

对孩子来说，他的舞台始终是社会，从父母、玩伴、同学，到同事、客户，无不是与人打交道的过程。显然，孩子与人相处和交往的能力如何，决定了他未来的舞台有多大，前进的路程有多远。

第七章 好妈妈的自控练习：有自控力的孩子更能成大事

心理学家弗洛伊德指出："学会控制情感是作为文明人个性发育的水准点。"在家庭教育中，父母除了让孩子用大脑理性思维以外，还要让他们懂得用大脑控制情感，从而避免在悲观、惰性、自私等人性弱点中沉沦下去。

第八章 好妈妈的挫折训练：培养孩子迎难而上的坚强意志

当孩子面对难题或遭遇失败时，家长大多包办代替，久而久之，孩子就会缺乏克服困难的勇气和智慧，形成心理上的依赖。缺乏独立自主能力与心理承受能力，很难适应未来社会发展。因此，好妈妈让孩子主动受挫，培养他们迎着困难而上的坚强意志。

第九章 好妈妈的理财课堂：理财技能让孩子生活得更美好

《富爸爸，穷爸爸》的作者罗伯特·清崎说：“今天我们的教育体制已不能跟上全球变革和技术创新的步伐。我们不仅要教育年轻人在学术上的技能，也要教育他们理财的技能。这不仅是他们在这个世界上生存下去，而且是生活得更美好所必须具备的技能。”好妈妈培养孩子的理财能力，这是奠定他们未来财务自由的重要基础。

第十章 好妈妈的心理关怀：减轻家庭变故对孩子的不良影响

好妈妈要给孩子多一些关爱，千方百计营造一个和睦相处、互敬互爱的家庭氛围，增进家庭的凝聚力。而当家长即将离婚或已经离婚，乃至重新组织家庭以后，则要站在孩子的立场多想一想，采取各种有效措施提升家庭教育的效果，给孩子更多爱护。

第十一章 好妈妈的安全意识：孩子学会保护自己才能快乐成长

经历过风雨，才能见彩虹。孩子的一生不仅伴随着欢笑，也有泪水；不仅有成长的快乐，也有成长的烦恼。帮助孩子度过这些特殊时刻，是父母义不容辞的责任。

第一章

好妈妈的赏识教育：大胆说出“孩子你真棒”

“使人发挥最大能力的方法，就是赞美和鼓励。”赞赏能带给人满足感，是人性中最深切的素质，是被人赏识的渴望。好妈妈主动鼓励和赞扬孩子，给他们的心灵注入阳光，从而培养出了不起的新一代。

1. 家庭是孩子成长的摇篮

人才是培养出来的，而一个人的生活环境与家庭教育对于他的未来发展是非常重要的，这种影响深刻作用于他的性格形成，以及日后的事业发展。

我们熟知的一句话是："穷人的孩子早当家"，意思是贫苦人家的孩子懂事早，比别的同龄孩子成熟。为什么会出现这种情形呢？毫无疑问，因为孩子自小就生活在一个艰苦的家庭环境中，这有助于培养他们吃苦、勤奋的性格和意识。

而一个从小生活在优裕环境中的人，由于他从来不为一些日常小事发愁，所以很容易形成一种大度豁达的性格——在许多事情上不会跟人斤斤计较，什么事都放得开，也就是说具有一种包容的气度。比如，我国著名书法家启功先生就是这样一个人。他从小生长在书香门第的家庭中，不仅受到良好的文化熏陶，还培养了开朗豁达的气质。

一位教育专家说过："牢固建立起的家庭习惯，并坚决遵守规定的制度是成功地对孩子进行教育的条件之一。"孩子的成长与性格培养是一个连续而相对稳定的过程，一般来说，3 岁的孩子在性格上已经有了明显的个体差异，这主要来自家庭环境的影响，并对他们日后的成长产生深远影响。

在家庭生活里，父母、兄弟姐妹等都会对孩子产生微妙的影响，莫定孩子一生的发展基础。比如，良好的兄弟关系，会使人受用终生；反之，则会影响到孩子健康心理的成长。父母对孩子的影响也同样如此。

家庭是孩子成长的摇篮，父母应该努力为孩子创造一个良好的成长环境。孟母教子的传说流传深远，“孟母三迁”的故事家喻户晓，带给我们的也是家庭环境对孩子的影响。孟子最终没有让母亲的苦心付诸东流，成为中国历史上伟大的思想家，成为儒家文化的代表者。

具体来说，家庭环境对孩子的成长主要表现在以下方面：

（1）父母的职业或某方面的特殊才能，会影响到孩子的技能训练和职业选择。

比如，给国家领导人当过高级翻译的朱彤，其一口流利的英语不知折服了多少青年人，也让许多父母动心。实际上，朱彤从小生长在一个外交官家庭，从小就受到了有关英语方面的良好训练。朱彤的翻译才华和口语能力固然有个人努力，但是家庭环境中的耳渲目染也是不可缺少的。

因此，父母如果具备卓越的才华，在某方面表现出过人的天赋，往往会在这方面深刻影响到孩子。比如，有些家族同时产生了很多音乐家，这里面既有音乐天赋的遗传，也有音乐环境的良好熏陶。显然，一个具有很高音乐天赋的小孩，如果生长在一个与音乐完全绝缘的环境中，恐怕也很难在音乐方面有所作为。

（2）父母为人处世方面的表现，会影响到孩子的待人接物。

孩子从小接受良好的家庭教育，往往在待人接物方面有礼貌，对待他人能够彬彬有礼；反之，孩子从小被娇生惯养，很容易骄横跋扈，不懂得尊重他人，拒人于千里之外。这些都是家庭环境、家庭教育对孩子个性培养产生的重要影响。

从孩子的内向与外向两种不同的性格差异来看，父母有很多朋友，经常在家招待客人，孩子与他人交往时会显得落落大方，表现出很强的人际交往能力；相反，家里不经常来客人，孩子就很难学到与人交往的技巧，通常一说话就脸红，给人忸忸怩怩的感觉。

同样的道理，在一个充满爱的家庭中长大的孩子，往往对他人表现出足够的爱心，善于关爱他人、乐于助人；反之，父母不懂得关心他人，孩子往往形成“事不关己高高挂起”的冷漠性格，让人难以接近。

由此可见，恶劣的环境可能导致孩子恶劣的性格，良好的家庭教育则能够培养孩子积极向上、乐观开朗的性格。所以，父母要注意为孩子创造一个良好的家庭环境，让孩子学会与人交往、具备优秀的品质。

2. 搞清楚孩子成长最需要什么

身为父母，责任重大——我们不仅要为孩子提供生活所必须的物质条件，还要在精神、心理上给他们提供动力、安慰、自由。没有人怀疑父母对孩子的爱，但是有的父母把孩子看成自己的所有物，想当然地以自己的意志教育孩子，这不但不能实现春风化雨般的家庭教育，还使许多父母忽视了孩子成长中的现实需求。

在家庭教育中，存在这样的误区：父母发现孩子的缺点，告诉他什么地方不行；父母过分看重孩子的分数，忽视了对孩子心灵的关注，等等。也就是说，父母不善于站在孩子的角度思考问题，完全以成人的视角教育孩子，对孩子的成长带来了很大危害。

并且，上述不恰当的做法也在学校教育中存在。难怪我国童话大王郑渊洁这样说：“合格的教师和父母的标志:发现孩子的优点，告诉他什么地方行”、“差生是差老师和差父母联手缔造的”。为了避免学校教育对孩子成长造成的“破坏”，郑渊洁甚至不让孩子去上学，亲自包办了对孩子的教育。

多年前，郑渊洁毅然把儿子郑亚旗从小学接回家中，自己编写教材，为孩子上课。当时，有人认为郑渊洁疯了，还有人认为他在做秀。促使郑渊洁这样做的原因是，学校教育注重形式化，没有给孩子人性化的教育主题。

郑渊洁解释说，他帮孩子写的作文在老师那里全都不及格，而家里保姆写的作文却被老师评为范文。于是，他就对学校的教学产生了怀疑。在郑渊洁看来，老师教作文有一个框框，学生不能超出预先设定的范畴，结果只能扼杀了孩子的想象力。对孩子过早进行这种教育，必然对他们探索世界的精神给予沉重打击。

郑渊洁的做法是一个特例，却反映出当今学校教育、家庭教育的种种不尽如人意的地方。父母朋友应该问问自己，是不是为了教育孩子而教育他们，是不是体验到孩子的内心需求，自己还有哪些需要改进的地方?

事实上，孩子成长是一个不断变化的过程，从 0 岁到 18 岁，孩子每天都在长大，不但身高逐渐增加，心灵的成长也跟随时间的脚步前进。所以，父母必须重视孩子成长过程中的每一个“关节点”，主动跟随这些节点调整家庭教育的方式方法和主题，才能最大程度上满足孩子身心的需求。

比如，三岁的时候，是孩子养成良好习惯的时候，父母就要注意引导孩子养成良好的吃饭、说话习惯，给他们树立榜样；六岁的时候，是孩子养成良好学习习惯的时期，父母就要引导孩子学会有计划地学习。

总之，教育孩子无小事，父母要从孩子身边最常见、最具体的实例出发，对其严加要求，严格训练。当父母在孩子不同的成长阶段，为他们提供恰当的身心教育时，孩子就能健康、快乐成长，使自身潜能得到充分发挥，真正成为一名合格、健康的社会人。

(1) 父母必须保证孩子接受学校教育，不能让他们失学。在现代社会里，学校教育是孩子成长的必经阶段，父母要保证孩子上学。在这里，父母不能因为家庭经济基础不好、孩子厌学，就纵容他们失学。

(2) 父母要努力把孩子培养成人格独立、身心健康的个体。一方面，父母要在人格上尊重孩子，给他们自由成长的空间，另一方面，父母要为孩子树立好榜样，引导他们培养良好的品德、养成良好的习惯，真正起到“润物细无声”的作用。

3. 告诉孩子“你真棒”

“千里马常有，而伯乐不常有。”人才在于培养，更在于发现和使用。在家庭教育中，也存在这种情形。父母只有扮演好伯乐的角色，善于发现孩子身上的亮点，才能激发孩子的自信心和潜能，促进成长、进步。

亮亮放学回到家，把这次数学考试的成绩给爸爸看。“85 分？这些题目我都给你补习过啊，你怎么才考了 85 分呢！”爸爸大为不满。

妈妈拿过试卷，看了一会儿也抱怨起来：“这么简单的题目都不会做，你能干什么？”“这个符号都不会写，怎么能不丢分呢？”爸爸禁不住在一边附和：“你怎么这么笨？”

亮亮听了这样的话，感到特别自卑，简直失去了继续好好学习的心思。难道自己真的像爸爸妈妈说的那么笨吗，孩子在父母的牢骚声中变得不自信了。

只注意发现孩子身上的缺点，看不到孩子的优点，这是许多父母的通病。他们或许更明白“谦虚使人进步，骄傲使人落后”的深意，但是经验表明，肯定孩子比否定孩子更能激发他们的进取精神。在家庭教育中，对孩子不敢大胆表扬，较多采用批评、惩罚的方法，往往带来许多消极影响，也背离了激发孩子潜能的教育初衷。

其实，父母换个方法，告诉孩子“你真棒”，一定会收到出其不意的效果。即便孩子某些方面做得不好，父母给予孩子一些安慰和鼓励，也能激发他们再接再厉的斗志。

当孩子取得了不错的成绩时，父母不应该把内心的喜悦隐藏起来，而应毫无保留地表达赞赏和肯定。和孩子一起分享成绩，本身就是一件快乐的事情，也能增进父母与孩子之间的感情。如果父母对孩子的成绩视而不见，甚至提出善意的“批评”，不但让孩子产生巨大的失落感，更会让他们对自己的努力加以否定。

而当孩子在学习、生活中不尽如人意时，父母则应通过鼓励的话语激励孩子继续努力，日后取得优异的成绩。反之，对孩子恶语相向，会让他们产生自卑、破罐子破摔的想法。

历史上，凡尔勒的科幻小说得到第 16 家出版社的赏识，作品才得以蜚声世界；俄国著名诗人普希金得到茹可夫斯基的赏识，最后才成为“俄罗斯文学之父”；而白居易得到顾况的赏识，才诗满天下，在我国文学史上占有一席之地。

告诉孩子“你真棒”，这是父母给孩子最好的礼物，能够最大程度上让孩子充满自信地面对明天的路途。林肯说过：“每个人都希望受到赞美。”扪心自问，难道我们不强烈渴求自尊和他人的重视吗，父母要学会将心比心，才能在换位思考中理解家教的真谛。

生活中，孩子会因为父母的表扬而越来越出色，也会因为父母的轻视或喝斥而日益消沉、自甘堕落。在与孩子沟通的过程中，父母应该学会利用一个肯定的手势，一次期望的目光，给孩子更多期许和鼓励，给他们更多进步的动力。

显然，那种一味苛求孩子的做法．常常让幼小的心灵缺乏行动的勇气和力量，甚至产生抵触情绪，最终一事无成。为此，好妈妈要做好以下几点。

(1) 把家教融于鼓励、赞许之中。在许多孩子的眼里，被赞赏成了可望不可及的一件奢侈品。即便取得了好成绩，父母往往也非常吝啬表扬的话语，结果孩子因为得不到肯定逐渐丧失了进取心，甚至与父母渐渐疏远。因此，父母需要改变以往旧有的家教方式，尝试着用鼓励和赞许给孩子前进的动力。

(2) 把孩子的不足、失误看作自己的事情。一些父母之所以总是对孩子喋喋不休，苦口婆心，是因为孩子学习成绩不理想，或者经常惹麻烦。发生这种情况的时候，父母不要一味责怪孩子，这样只能让他们感受到巨大压力而于事无补；正确的做法是把孩子的不足和失误看作自己的事情，努力帮孩子想办法解决，并给予鼓舞和支持。

(3) 避免把孩子与其他人比较。“有比较才有鉴别。”在教导孩子的时候，有些父母自觉不自觉地把孩子与他人比较，夸奖对方而贬低自己的孩子，这样往往容易挫伤孩子的自尊心和自信心。世界上没有两片完全相同的树叶，每个人都是世界的“惟一”，具有自身的独特性。父母应该尊重孩子之间的差异，并发挥孩子的长处，促使他成长进步。

4. 尊重天性才能培养了不起的孩子

北宋年间，有一个名叫方仲永的孩子，非常聪明好学。看到别人读书写字，他就站在旁边看个没完，然后向父亲索要纸墨笔砚。父亲不给，方仲永又哭又闹。最后，父亲无奈之下从邻居家借来一套交给他。

方仲永高兴地接过纸墨笔砚，马上提笔作了一首诗。父亲一看又惊又喜，没想到儿子小小年纪就能写出这样的好诗。看来这个孩子是一个“神童”，父亲想到这里欢喜若狂，拿着儿子的诗奔走相告。村里的人看到方仲永的诗，个个赞口不绝。

方仲永受到鼓舞，学习更加勤奋了。他认真观察生活，用心揣摩，写了许多触景生情、咏物抒怀的好诗。令人称奇的是，这些诗都是方仲永一气呵成的，可谓“出口成章”。一时间，方仲永声名远播。

一些文人学士、商贾巨富倾慕方仲永的名望，纷纷请仲永父子到他们家里做客。仲永的父亲开始飘飘然，整天领着儿子走东家串西家。一年又一年过去了，方仲永长大了，但是他的才华却没有长进，一直停留在最初的水平上。

当时的政治家、文学家王安石，听说这件事后写了一篇《伤仲永》的文章，警惕后人记取这个发人深省的教训。

由此可见，孩子的成长仅仅凭借天赋和聪明是远远不够的。方仲永的失败在于他的父亲眼光短浅——只顾着让孩子出名、见世面，满足于一时的成绩。让孩子接触外面的人和事，是必要的，这也是一种“爱”；但是，整天沉迷于此，不能对孩子的发展作长远打算，就会耽搁孩子的成长，最终害了孩子。

比如，日常生活中，孩子在地上摸爬滚打，但是一些父母却加以劝阻，认为这样不但弄脏了衣服，而且很不卫生。其实，他们应该想想自己小时候玩泥巴的情形，而这种经历对孩子成长是至关重要的。还有，暑假或寒假中，有些父母出于安全考虑把孩子锁在屋子里，不让他们接触外面的世界，这又何尝不会伤害到孩子探索社会的努力呢！

“十年树木，百年树人”，孩子的成长和发展需要多年的栽培，需要父母进行长远规划，避免只看到眼前的得失。在教育孩子的问题上，仅仅有爱心是不够的，把眼光放得长远一些，着眼大局，才能真正带动孩子健康成长，让自己的“爱心”开花结果。

(1) 不能因“不忍”而让孩子“不为”。成长需要经历各种磨练，吃苦是少不了的。但是有些父母不忍心孩子吃苦受累，或者自己包办了一切，或者把他们“圈养”起来。这种过度保护的做法只能让孩子永远长不大，无法应对日后更大的人生风浪。

(2) 掌握正确的家教理念，修正自己错误的教子方法。高尔基曾经说过：“爱护子女，这是母鸡都会做的事，然而，会教育子女，这就是一件伟大的国家事业了。”为此，父母要从书本上、从其他父母身上学习正确教育孩子的方法，从实践中总结教子的经验和教训。

5. 不要让“爱心”害了孩子

“望子成龙”，这是天下父母的心声，没有人怀疑父母所做的一切不是为了孩子健康成长。但是，有的父母总是对孩子毫无原则地溺爱，不但在各方面任意迁就，甚至不允许别人说一点孩子的不是。结果，在溺爱中长大的孩子，只能接受表扬不能接受批评，心理承受能力极差。一旦遇到挫折，他们很容易丧失自信，或者钻牛角尖，给个人成长带来严重打击。

父母用自己的“爱心”关照孩子，是无可厚非、毋庸质疑的；关键是，我们不能仅仅从良好的愿望出发，而不顾及最终的结果。事实上，“爱心”的出发点与归宿都是让孩子健康成长，掌握知识和生存的本领，日后获得良好发展。如果父母的某些做法不利于培养孩子健全的人格、完美的品行，甚至让孩子误入歧途，那么我们就要检讨自己了，警惕让自己的“爱心”害了孩子。

每天下午四点十五分，幼儿园的大门就准时打开了。这时，许多爸爸妈妈早已经站在门外等候多时，他们涌进幼儿园，开始在游乐场里寻找自己的宝贝儿子、女儿，或者与老师谈论孩子今天的表现。

有一次，一个小男孩骑了一辆幼儿园的小自行车停下来，原来另一个小朋友拉住了车把，并把一只脚放到了骑车小男孩的腿上。突然，旁边一位年轻的妈妈冲着不远处的一对父母喊道:“快过来看看吧，你儿子已经把脚放到我儿子身上了，还不管管他！”

顿时，热闹的人群一下子安静下来，大家都莫名其妙地看着受责骂的父母，只见他们忿忿不平地回答：“这不是我儿子！”

盛气凌人的妈妈意识到自己误解了他人，那位小朋友的父母可能还没来，急忙拉着儿子的肩膀前后摇动起来，还不停地说：“你怎么这么笨呀，连自己的东西都无法保护好。别人抢你的车，就该用车撞他！”

后来，一位老师走过来，才把妈妈劝开了。但是，孩子早已哇哇地大哭起来。那位妈妈没有意识到，自己爱孩子，“爱”错了地方，帮了倒忙。我们无法想象，孩子的心灵受到了怎样的创伤。

其实，孩子之间抢东西是很平常的事，用不着大惊小怪，更不必在他们之间分个高下、争个长短。孩子之间发生挣抢、打闹时，父母或老师只要加以正确的教育引导就可以了。但是，上面这位妈妈却护子心切，用自己的极端方式处理事情，甚至不惜贬斥儿子，表面上是因为“爱心”护短，其实只会让事情更糟糕，还伤害到孩子纯真的感情。

试想一下，孩子接受了这种以自我为中心的教育，肯定会过分强调自己的利益，而不能照顾到他人的感受，这样一来怎么能与大家和睦相处呢？长大以后，这样的孩子不能与他人发展友谊，就会寸步难行，更不要说获得发展、取得成功了。

如果说上面这位父母的做法是一种比较极端的行为，那么许多父母在日常生活中出于“爱心”，想当然地以自己的方式教育孩子，就成为被人忽视的“爱心之下的伤害”。比如，父母疼爱孩子，不让他们做家务；为了避免意外伤害，不让孩子亲近大自然。这些做法就值得商榷了。

“种豆得豆，种瓜得瓜”，这是人们熟知的自然规律。但是，“有意栽花花不发，无心插柳柳成荫”的情形也同样存在，特别是在教育孩子的问题上，以“爱心”为“借口”对孩子指手划脚，常常会让父母因为自己的“爱心”害了孩子。这样一来，日后痛苦的肯定是父母，而受到惩罚的肯定是孩子。

6. 赏识教育是根除孩子倔脾气的良方

令许多父母非常头疼的一个问题是，孩子脾气倔、不听话。其实，只要善于发现孩子身上的亮点、学会赏识教育，父母就能走进孩子的内心世界，架设起彼此良好沟通的桥梁。

10 岁的小强在放学的路上捡到一部手机。他在路上等了半天，但是没人来认领。后来，他把手机带回家，并在好奇心的驱动下一个人躲在屋里玩弄起来。

父亲看到孩子手里拿着一部手机，不容分说就是一顿呵斥，并问这是从哪里偷来的。结果小强产生了强烈的逆反心理，竟然真的偷起了东西，最后终于进了少管所。

在上面这个故事中，父亲教育方法简单、粗暴，本来应该表扬孩子的时候却提出了批评，让孩子彻底失望，乃至走向了极端。生活中，一些父母总是埋怨孩子脾气倔，不懂自己的良苦用心，其实父母哪里又懂得孩子的内心世界呢?

一位教育专家说过:“一个找不出自己孩子优点的父母，不是一个合格的父母!”孩子脾气倔，做父母的首先不能抱怨，而要学会分析其中的原因，毕竟我们是成人，更应站在理性的角度思考深层次的问题，一味苛求孩子往往无济于事。

首先，父母要懂得从自身寻找原因。中国人善于居安思危，从小就对孩子寄予厚望，对他们的未来充满了焦虑。但是“思危”过了头，就会形成一种悲观、极端的心理，反映在教育中就是对孩子要求苛刻，不允许孩子有一点点不尽人意的地方。上面那个故事中，父亲就是对孩子要求太严格了，乃至看到他拿着别人的手机就意识到那是偷来的，这种否定教育是不能要的。

其次，父母要了解孩子、尊重孩子、读懂孩子的心事。孩子脾气倔，不听大人的话，一定有自己的原因。这时候，父母应该学会进行换位思考，善于从孩子的角度考虑问题，必要的时候要放下身段和孩子进行良好沟通，打开彼此的心扉。不问青红皂白就对孩子指责和批评，只能让彼此的距离越拉越远，达到水火难容的地步。每个人的心都是柔软的，父母既然那么爱孩子，为什么不走进他们的内心世界呢?

再次，把家教融于鼓励、赞许之中。在许多孩子的眼里，被赞赏成了可望不可及的一件奢侈品。即便自己取得了好成绩，父母往往也非常吝啬表扬的话语，结果孩子因为得不到肯定逐渐丧失了进取心，甚至与父母渐渐疏远。因此，父母需要改变以往旧有的家教方式，尝试着用鼓励和赞许给孩子前进的动力。

想要打破与孩子之间的隔阂，改掉孩子的倔脾气，父母唯一的选择就是学会赏识教育。无论孩子出现什么不良习惯，犯了什么错误，父母都不必惊慌，而是需要用赏识教育实现亲子对话的机会。

心理学家威廉·詹母士说过：“人性最深切的渴望就是获得他人的赞赏。”通过赏识，父母可以发现孩子身上的亮点，这样就可以在鼓励中赢得孩子的信任，进而实现彼此的良好沟通。孩子一旦得到父母的赏识，必然也会在内心接纳父母，这样一来他们就会懂得尊敬父母，而不是我行我素、乱发脾气了。

父母给孩子赞赏，孩子对父母善意回应，这实际上是一种“找感觉，尝甜头”的教育。父母和孩子的感觉都好了，才能真正坐下来谈心，解决问题。特别是对孩子来说，成长的过程充满了艰辛，特别需要鼓励和支持。在孩子幼小的心灵里，如果自己最亲密的人——父母都不相信和认同自己，没了被爱护的感觉，孩子势必会丢失自信，放弃追求。一旦父母横加指责，孩子自然要脾气，不听话，进行反抗。

因此，父母要善于发现孩子身上的亮点，通过赏识教育帮助孩子成长与进步。有了父母的肯定与赏识，孩子就有了战胜恐惧与自卑的力量，让心灵有一种安全的体验，进而找到“我能行”的感觉。这样一来，孩子怎么还会与父母对抗呢?

第二章

好妈妈的品格塑造：“言传身教”养育有出息的孩子

“每个瞬间，你看到孩子，也就看到了自己；你教育孩子，也就在教育自己并检验自己的人格。”从小培养孩子做人做事的良好品格，能帮助他们具备未来成功的必备品质。因此，如何培养孩子的独立人格、勤奋个性、谦虚谨慎的作风，是好妈妈重要的必修课。

1. 培养孩子独立自主的人格

写文章的时候不可自以为是，或人云亦云。其实，做人也应该这样，应该具备独立的人格，有自主精神。在教育孩子的时候，让他们尽早确立自我意识、自主精神，对日后成长是非常重要的。

道理很简单，家庭的港湾固然可靠，父母的呵护固然温暖，但是孩子终究要独自面对生活中的一切。只有从小培养好孩子的独立性格，才能为孩子的将来奠定坚实的基础。

让孩子有主见是独立、自主的前提。所以，父母不能因为孩子年纪小就不尊重他们，更不能忽视孩子的意见和心理需求。

公交车上，两个年轻的妈妈正在聊天，谈论孩子的问题。其中一个说："昨天我去一个朋友家玩儿。她家的小孩儿看到我来了，非常高兴。孩子刚想和我说话，却被我那位朋友骂到自己的屋里去了。我上前劝阻，谁知道那位朋友说，孩子的作业还没写完呢。"

另一位妈妈说："你这位朋友对孩子要求也太严了吧。这么做，孩子会怎么想？"

"是啊，我就担心，家长只考虑自己，不顾及孩子的感受，任何事都是自己说了算，将来孩子一定是个没主见的人。"

……

其实，许多家庭都存在这种情况。父母独断专行，孩子有什么想法也不敢说出来。久而久之，孩子变得畏首畏尾、缺乏主见。在这里，父母需要改变自己教育孩子的方式，增加民主的气氛。只有让孩子敞开心扉、自由表达，才能让他们独立思考、成为有主见的人，而不是父母的跟屁虫。

父母不给孩子自主表达、自主做事的机会，从小的方面说，是感情用事、迷信权威的做法；从大的方面说，则是缺乏眼光的表现。父母应该明白这样一个道理：在任何情况下都应该让孩子自由自在地成长，这才是父母情深的表现，也是家庭教育必须遵循的一个基本原则。

事实上，孩子就像一片洁白的布，在家庭中会不知不觉地染上色彩。父母的教诲、言行都会被孩子模仿。因此，父母尊重孩子，给孩子自由表达、展示自我的机会，孩子也会尊重父母，从而在民主的家庭气氛中成为独立自主的人。

对父母来说，想要让孩子独立思考、大胆发表自己的观点，成为有主见的人，必须注意下面两点：

(1) 要从一点一滴做起，给孩子提供表达的机会。孩子想发表意见时，不管觉得这种观点多么天真，甚至是可笑，父母都要耐心、认真听完，并在适当的时候给予必要的反馈意见。当孩子的看法正确时，父母应该提出表扬，看法错误时，应该给孩子讲清楚，而不能横加指责。

(2) 孩子发表意见时，父母要对孩子的问题表现出浓厚兴趣，不能显示出不关心的样子。这样一来，才能激发孩子的热情，让他们充分展示自己的“才华”。此外，父母对孩子的问题要认真地回答，还要适当加以引导，让孩子学会思考某些问题。

2.“放纵”最容易导致孩子任性

人人都渴望自由，对孩子来说更是如此。但是,“没有规矩，不成方圆”，生活中充满了各种规则，每个人都必须在这些约束范围内活动，才能实现理想和发展目标，走向成功。孩子成长的过程，要熟悉世事人情，为日后进入社会奠定坚实的基础。

因此，父母的重要职责就是引导孩子熟悉周围的环境、学会与人打交道、懂得做事的方法。显然，迁就孩子，甚至放纵他们，都会与我们的良好初衷背道而驰。道理很简单，放纵孩子，他们一定会盛气凌人、骄横跋扈，做人不讲原则，做事不讲规矩，最终害人害己。

和其他孩子一样，马小军也有一个温暖的家，有疼爱自己的父母。生活中，他常常说一不二，只要提出什么要求，父母一定会不折不扣地满足。

起初，父母也不想过于迁就孩子，但是看到马小军痛哭流涕的样子，他们就不忍心强硬起来了。时间一长，就索性对孩子听之任之了。

有一天晚上，马小军吃过晚饭就照例看动画片。这时，爸爸走过来微笑着对他说：“小军，马上要期末考试了，先复习功课吧!”马小军正看得高兴，听到这里没好气地说：“躲一边去!”

爸爸真为孩子的考试着急了，所以禁不住多说了几句。结果，马小军气冲冲地一甩门就出去了。爸爸以为他又像往常一样去邻居家玩了，就坐在屋子里生闷气。几个小时后，小军还没回来，爸爸急忙去找，哪知道他根本没去邻居家，竟然离家出走了。

一家人急忙四处寻找，还到公安局报了案。但是，几天，十几天过去了，马小军始终没有回来……一个孩子因为任性，让父母承受了无尽的痛苦煎熬，也毁灭了自己的一生。

孩子任性不可避免，特别是在父母的宠爱下，他们有时表现出一些过火的举动是很自然的，是不成熟的表现。但是，如果孩子过于任性，甚至以此要挟父母，这就是一种性格缺陷了，也是一种不正常的心理状态，对成长有百害无一利。

那么，是什么原因导致孩子不听话、任意乱来呢？客观地说，孩子的自我意识太强、父母对孩子态度蛮横等，都容易让孩子走向极端；但是，最重要的原因是"父母放纵孩子"。因此，我们可以这样认为："放纵"最容易导致孩子任性，而这种后果是非常严重的。

孩子好比树苗，要想让其成材，父母必须注意及时修剪整枝。一位教育专家曾经说过："如果您想培养一个无赖，那就尽情地放纵他、迁就他；如果您想培养一个很棒的孩子，那么在面对孩子的不合理要求时，就要坚持用爱的理由拒绝他"。

特别是对孩子的缺点、毛病，父母更不能放纵，而应加以引导，让孩子明白其中的道理，才能成为一个懂事的人。一些父母对孩子放任自流，对他们的不良品格、习惯听之任之；这种姑息养奸的做法，从小的地方来看会让孩子养成骄气、不可一世的性格，从大的地方来看则可能酿成大祸，毁了孩子的一生。

法国著名教育家卢梭曾经说过："当一个孩子哭着要东西的时候，不管他是想更快地得到那个东西，还是为了使别人不敢不给，都应当干脆地加以拒绝。""拒绝"，是为了避免放纵孩子，让他们懂得凡事都不是随心所欲的。这样一来，孩子才能积极主动地适应周围的环境，通过自己的努力实现目标，真正做到自立自强，而不是成为温室里的花朵。

3. 孩子骄傲自大怎么办

孩子在成长的过程中，必须保持谦虚谨慎的作风，才能不断进步。如果取得一些成绩就洋洋自得，只能停止不前。所以，当孩子出现骄傲自大的倾向时，父母要纠正这种不良做法，提醒他们懂得谦虚。

明明是一个聪明的孩子，无论学习什么东西都比其他小朋友快，因此得到了父母和老师的夸奖，周围的同学也对他刮目相看。但是，在赞扬声中，明明变得骄傲自大起来，开始听不进别人的意见，做事的时候也变得我行我素。结果，没多久他就成绩下滑，失去了许多好朋友。

初生牛犊不怕虎。孩子对身边的事物缺乏深刻的认识，往往在许多情况下我行我素、骄傲自大。当他们不懂得保持克制时，就很容易自满，结果开始排斥外界正确的信息、中肯的意见，最终裹足不前。

孩子从小骄傲自大，那么他的内心世界里一定容不下更多的人和事，结果只能形成狭隘的视野和世界观，何谈成长进步呢？所以，父母在家庭教育中要注意培养孩子谦虚谨慎的品格。

谦虚是一种力量，特别是对正在成长过程中的孩子来说，具备谦虚谨慎的品质才能放下架子甘当小学生，努力学习有益、有价值的东西，使自己在学习、为人处世、精神上不断地提升与进步。

面对失误，骄傲自大的人会给自己找各种理由和借口，企图为自己开脱，殊不知，他们已经错过了改过自新的机会；面对失误，谦虚的人能够坦然地说“我错了”，这才是真聪明、有智慧的表现。

谦虚作为一种良好的修养，是促使个人进步的基础。古人云:“虚己者进德之基”。这种谦虚会把挫折变成精神上的资产，把成功看作自我激励的食粮。当孩子目空一切的时候，他们就会在自己与外界之间筑起一道无形的“城墙”，隔断了学习成功经验、失败教训的好机会。

父母应该明白，骄傲自大的孩子大多数时间是生活在自己的世界里的，这对处于成长阶段的他们来说有百害而无一利。不可否认，有的孩子的确有“骄傲”的理由，在他们身上有骄傲的地方，但是小小年纪就与外界丰富多彩的世界发生隔膜，不懂得虚心接受新事物、正确的理念，孩子最终会变得狭隘、自私，而自己却全然不知。还有什么比这种危害更大呢?

孩子骄傲自大，会严重威胁到个人成长和进步。孩子一旦出现上述情形，父母就要分析缘由，采取措施帮助他们克制自己的好胜心，保持一份谦虚谨慎。一般来说，孩子骄傲自大是受多种因素影响产生的，我们需要采取有针对性的措施加以化解。

(1) 从自身角度来看，骄傲自大的孩子往往高估了个人才能，所以容易目中无人。

相信自己的能力是一种自信，但是如果自信过了头，不切实际地幻想自己比谁都强，只看到自己的长处，看不到自己的短处，甚至拿自己的长处比他人的短处，那么孩子就陷入了以自我为中心的旋涡。

对这样的孩子，父母应该减少对他们的鼓励和夸奖，即使在表扬孩子的时候，也要加以淡化，避免过于夸奖，让孩子不知天高地厚。比如，父母可以给孩子轻轻的微笑，表示自己的肯定和鼓励。当然，更重要的是让孩子认识比自己更强的人，让孩子认识到自己的不足，掌握正确评价自己的方法。

(2) 从家庭条件、成长环境来看，条件优越的孩子容易滋长虚荣自傲的心理，所以父母要注意让孩子接受困难和艰苦条件下的磨砺。

现代家庭生活中，孩子享受着父母创造的优越物质文化生活，这种养尊处优的日子很容易让他们不思进取、骄傲自大。对此，父母一方面要让孩子多接触社会，认识不同环境下的真实生活，另一方面要给孩子安排各种艰难困苦的磨练，让他们懂得社会生活的复杂多变。

4. 引导孩子做一个诚实守信的人

从某种意义上说，每个人都有过撒谎的经历，但是在家庭教育中，父母应该明白孩子为什么撒谎，并引导他们做一个诚实守信的人。

一般说来，孩子撒谎会因为年龄差异呈现出不同特征。其中，2—3岁的孩子在认知和语言能力方面的发育不成熟，还不能看出自己的言行之间的直接关系，所以常常无意识地说谎。4—5 的孩子往往为了躲避父母的惩罚，或者得到自己想要的东西而说谎。至于更大一些的孩子，往往是个人独立意识增强以后，有了个人隐私，他们为了保护隐私才说谎。

由此可见，父母不能简单地把说谎看作一种不良行为，而要分析其中的原因，才能采取正确的做法，把家庭教育搞好。正如《孩子为何说谎》的作者美国儿童教育专家波尔·艾克曼所说："孩子不诚实有多种原因，有的可以理解，有的不可以。"当孩子为了不伤害某人的感情而说谎时，这种谎言就是善意的，我们应该理解孩子的良苦用心，而不必对他们加以斥责。

在这里，我们需要着重分析的是孩子恶意撒谎的情形，以及这种行为背后的深层次原因，明白了这一点，才能有针对性地帮助孩子培养起诚实的品格。从家庭教育的角度来看，孩子撒谎与下面两个问题有很大关系：

第一，父母与孩子缺乏沟通，孩子为了掩饰自己的想法和烦恼而撒谎。

随着年龄增长，孩子的情感日益丰富起来。当自己的需要不能满足时，他们就会公开表达自己的不满，比如哭闹；而当父母对孩子这种行为加以拒绝时，孩子就放弃原来的做法，往往把自己的感觉隐藏起来。于是，孩子就多了一些沉默，逐渐学会把不良情绪埋藏在心底。如果父母不能感受到孩子这种变化，孩子也不愿意把自己内心的真实想法说出来，那么当双方交谈的时候，孩子就会找借口以掩饰心中的真实想法，表现为说谎。

第二，父母经常说谎，孩子在这样的家庭容易受到影响。

研究表明，经常说谎的孩子往往出自父母经常说谎的家庭。而当父母对孩子关爱不够的时候，孩子也容易说谎。显然，这都是家庭影响的结果。因此，美国的教育专家建议，应该在家里不断地谈论诚实的重要性。为了保证使诚实成为孩子道德教育的一部分，父母可以读一些改善家庭环境的优秀图书，注意改善自己的不良言行，对孩子表现出应有的关爱。

总之，孩子偶尔发生说谎行为是可以理解的，但是如果孩子习惯性地说谎，对关系重大的事情也不说实话，那么就牵扯到孩子的道德品质了。

正如艾克曼描写的那样："对重要问题撒谎，使父母处理起来更困难，撒谎作为一个问题就更严重。撒谎腐蚀了人与人之间的亲密关系，滋长了不信任，损坏了互相信任的关系。说谎意味着不尊重被骗对象，使得与经常撒谎的人在一起生活几乎变得不可能。"

实事求是地说，孩子说谎是难以避免的，关键是父母应该怎样对待说谎的孩子，怎样教育他们纠正这种不良行为，培养诚实守信的品质。

(1) 尊重孩子，提供自由的空间。

家庭教育一定要在平等、民主的气氛中进行，尊重孩子的需要和感受。当发现孩子撒谎的时候，父母也应该心平气和地与孩子沟通，而不是大发雷霆。特别是当孩子开始走向独立、自我意识越来越强烈的时候，父母更应该尊重孩子的意愿和选择，尊重他们的隐私。

国外研究者做过这样一个实验，一位 6 岁的儿童与一位 12 岁的儿童，都去参加小伙伴们举办的生日晚会，回到家中之后接受妈妈的询问。结果，6 岁的儿童会把晚会的情况对妈妈如实相告，包括谁参加了这个生日晚会、做了什么游戏等细节，都会详细说出来；而 12 岁的儿童则会隐瞒自己不希望说的事情，在一些问题上撒谎。

从中不难发现，年龄不同的孩子对待隐私是有差异的。所以，当父母与孩子交谈时，要懂得尊重孩子的隐私，给他们自由的空间。具体来说，在提问的时候要间接、模糊一些，给孩子自由发挥的空间，这样就不会"逼迫"孩子刻意撒谎了。

(2) 要正确对待孩子第一次撒谎，进行认真纠正。

所谓"第一次撒谎"，是从父母的角度来看的，指父母第一次发现孩子在有意识地撒谎，并且暴露出来。这时候，父母要避免生硬训斥，当然也不能轻描淡写，而要让孩子认识到撒谎的危害，督促他改正这种错误做法。

许多父母发现孩子撒谎的时候，往往像审问犯人一样追究孩子或逼迫他们，结果孩子为了掩饰自己的过失会继续撒谎，陷入一种恶性循环。正如一位心理学家所说的那样："说谎是因为怕说真话而挨骂的避难所。"

所以，当父母第一次发现孩子说慌时，要认真纠正、正确疏导。孩子养成说谎的恶习有一个逐渐形成的过程，如果孩子第一次说谎成功，就会为形成坏习惯打开一扇门，以后纠正起来就很难。

(3) 父母要以身作则，在日常生活中学会以诚待人，不说谎。

行动比言语更响亮、更具说服力。事实上，孩子养成说谎的不良习惯，许多情况下是受到父母的影响。大人在生活中经常有说谎的情形，孩子看在眼里，自然会受到潜移默化的影响。所以看到孩子撒谎的时候，父母应该所扪心自问，自己是否经常撒谎，如果有就应该加以克服。

诚实是人的一大美德，不但孩子要从小培养这种优秀品质，父母也应该在同别人交往的过程中做到坦诚相待，不能靠说谎去蒙骗他人。当孩子看到父母说谎时，他们必然对父母失去信任，甚至认为说谎是一种正常行为。这里需要指出的是，父母如果无意识地说谎了，并且被孩子看到了，就应该事后对孩子加以解释，说明其中的原委，避免给孩子带来恶劣影响。

5. 做事专一才能有长进

在这个世界上，每个人的能力是有限的，不可能穷尽一切知识，熟悉各种技艺。但是，只要勤勤恳恳、认认真真做好自己的工作、扮演好自己的角色，就能做出成绩。对孩子来说，只有从小培养做事专一的性格，才能踏踏实实学好功课，日后在工作中精通某一行业，做出一定成绩。

孩子的自制能力差，做事的时候往往一会儿喜欢这个，一会儿喜欢那个，变来变去。这种情况的确与孩子小、不懂事有关，但是父母不能就此过于迁就孩子，应该注意培养孩子做事专一的性格，能够持续不断把一件事办好，达到精通的水平。

一般来说，让孩子专心做事的最好方法是兴趣引导，即培养孩子专一的兴趣，从而培养他们从小掌握一技之长。但是，这种方法不一定适用于所有的孩子。当孩子的兴趣不稳固时，就会出现不专一的情形，对新鲜事物变来变去。

孩子做事不专一，就很难做事精通，熟练掌握知识和其他技能，最终不能有所长进。在中学的课本里，有一则"囫囵吞枣"的故事。这则成语来源于朱熹《答许顺之书》，把枣子整个儿吞下去，连核也不吐出来，嚼也不嚼，就叫"囫囵吞枣"。它比喻人们在学习上不求甚解，含糊了事，只把原书文句照本宣科，好比吃东西不加细嚼、品味，也不消化、吸收一样。

试想一下，孩子做事的时候朝三暮四，怎么能把事情做到位、达到预期目标呢？孩子在学习中蜻蜓点水，怎么能对各门知识进行系统掌握呢？孩子在成长的过程中，只有具备专一的性格，才能不断长进，真正学有所得、学有所成。

更重要的是，孩子从小养成做事专一的个性，日后才能在工作中脚踏实地，在专业领域内取得成就。人的生命和时间是有限的，如果做事不专一，象小猴摘桃子一样贪多、贪快，一个都没把握好，又去摘另一个，最后任何事情都做不好。

面对未来激烈的社会竞争，父母应该让孩子怎样去面对呢？显然，让他们具备成功的素养是最重要的，而这在很大程度上有赖于家庭教育，做事专一就是主题之一。

在教育领域，有一个中肯的观点是："读懂一本书，精于一件事。"孩子们接受类似的教育，学习相同的知识，日后竞争的胜负取决于他们在工作中实践的具体情况，这就是我们所说的个性化成功。事实上，这种成功建立在孩子对外界事物独特的认识基础上，它来源于当事人对一本书的深刻理解、对一件事的精通。所以，只有专心做好某一件事，才能成为某方面的专业人士，取得较大成绩；才能触类旁通，在其他领域有所建树。

微生物学家巴斯德举行婚礼的时候，宾客挤满了屋子。等到喜庆的时刻来临了，主婚人却发现新郎不见了，于是派人四处寻找。最后，大家在实验里发现了巴斯德，原来正在悠闲地摆弄试管。正是由于从小培养了做事专心致志的个性，巴斯德才在生物学领域取得了巨大成功。

"行百里者半九十"，意思是走了九十里路也只是全程一百里路的一半，剩下的十分之一却是获得成功的重要的另一半。由此可见，培养孩子做事专一的性格多么重要。

6. 有志气的孩子才有出息

"志气"是一个人自立、自强的根基，是一个走向成功、实现自我价值的保证。历史上，陶渊明、文天祥、朱自清面对世上的功名利禄，忍住了乞讨之心，保持了气节，创造了成功的人生。由此可见，有气节的人才能赢得他人的尊敬，有志气的人才会有出息。

孩子年纪幼小，要依靠父母提供必要的物质条件，需要父母的保护，但是他们终究要长大成人，终究要走向独立。孩子如果在成长的过程中不确立自立、自强的意识，反而过于强化对家庭、对父母的依赖心理，会对他们的成长带来损害。所以，早日让孩子明白"自我"的价值，不以父母的地位评价个人，做一个有志气、自立的人，日后才有出息。

特别是对那些家庭条件不宽裕的孩子来说，让他们成为有志气的人显得更加重要。如果他们不能正确看待家庭背景的差异，而以家庭财富的多少评价自己，就会产生自卑心理，甚至对富裕的同学卑躬屈膝，这对他们的人格健全、身心成长是非常有害的。

此外需要指出的是，在一些父母和孩子意识里，还存在着"重男轻女"的落后思想。结果，女孩子面对男孩子、他人的歧视产生自卑心理，乃至影响到与人打交道，影响到学习成绩。

一位女孩曾经向一位知心姐姐讲述自己的体会。她说，爸爸妈妈有时候总是对我说："唉，你要是个男孩，该有多好啊！"

有的父母认为女孩子胆小，不像男孩那样顽强，将来很难做出什么成就，也对女孩子存在某中偏见。

对此，父母要转变观念，明白男女都一样，只要教育得当，女孩子也能取得好成绩，将来做成大事。并且，父母还要鼓励女孩子学会自强、自立，还可以用奥运会上的女英雄们激励孩了，让她们明白“女孩不是弱者，女孩也能超过男孩”！

面对生活中的不如意、困难，父母要引导孩子不必怨天尤人，也不必自暴自弃，而是要树立远大志向，把目光放得长远一些；面对他人的歧视，也不必抬不起头来，而要学会自强不息、刻苦奋斗。对一个人来说，重要的不是被别人瞧不起，而是自己要瞧得起自己。

张海迪于1955年9月出生在山东济南，童年时代她曾经有过快乐的时光。但是五岁那年，张海迪患上脊髓血管瘤，并导致高位截瘫。

和同龄孩子相比，张海迪是不幸的，特别是到了上学的年纪，不能进入校门，这简直是一种非人的折磨。但是，她没有懊恼，也没有抱怨，而是以顽强的毅力自学知识，先后完成了小学、中学和大学的专业课程。

张海迪曾经跟随父母下放到一个贫穷的乡村。在那里，她坚持给村里的孩子们上课，并学习医学知识为乡亲们针灸治病，默默贡献自己的热情。1983年，张海迪走上文学创作的道路，先后完成《轮椅上的梦》、《绝顶》等长篇小说，《鸿雁快快飞》、《生命的追问》等散文集。1993年，她在吉林大学哲学系完成了研究生课程考试，被授予哲学硕士学位。

面对生活的不幸和挑战，张海迪没有惧怕未来的困苦，而是成为一个有志气的人，以乐观向上的精神努力学习、奉献自己的青春。在这里，我们看到了一个改变自身命运的人，一个创造人生奇迹的女孩，而她成功的关键是有远大志向，学会了自立、自强。

其实，这样的例子数不胜数，比如美国海伦·凯勒也是这样一位有志气的人。海伦小时候染上了一种病，结果眼睛看不到东西了，耳朵听不到声音了。面对这种遭遇，她没有低头，而是奋发图强，以坚韧不拔的毅力投入到学习中去，最终凭借自己的刻苦努力考入了哈佛大学，成为著名的作家和教育家。

物质条件毕竟是有限的，而精神财富的力量是无限的。特别是在孩子成长发展的过程中，来自内心的自我激励会发挥决定性的作用。因此，父母要努力引导孩子成为一个有志气的人，即使面对外界的不幸和苦难，也能以从容的姿态面对，能够自强不息。

此外，父母还要意识到，自己不能陪伴孩子走过一生，教给他们做人做事的道理显然更重要。孩子有志气，就能主动改变自身条件，具备积极的人生态度，真正成为生活的主人，掌握自己的命运。说到底，让孩子有志气，就是让他们依靠自己、开发自己，在没有优越条件的情况下努力拼搏进取，甚至与命运抗争，这一点对孩子成长是至关重要的。

(1) 让孩子学会凭借自己的力量创造成功。获取自己需要的东西，可以有多种实现的手段，有的人流血流汗，有的人使用阴谋诡计，有的人一味讨好他人。乞讨的人奴颜媚骨，失去了尊严和主见，这种软弱性不能使孩子立身、成事，因此必须丢弃。对孩子来说，从小就要学会凭借自己的本事实现梦想。

(2) 把孩子培养成一个自强不息的人。年轻朋友处在个人世界观、价值观与人生观确立的关键时期，务必要在各个方面培养自己的意志、信念、理想和情操。一个人只有自强自立，才能眼睛向内，充分发挥个人潜能，创造成功的人生命运。正如张海迪所说的那样:“像所有矢志奋斗的人一样，我把艰苦的探寻本身当作真正的幸福。”孩子要明白，面对命运，要相信自己、改变自己、创造成功。

7. 教导孩子孝顺父母

中华民族自古就形成了“孝”的文化，比如儒家经典文本之一的《孝经》是对“孝道”最重要的解读，“忠孝双全”表达了古人对个人成就的最高境界，而在日常生活中不孝顺的人和行为则会受到大家的唾弃。

作为父母，引导孩子确立孝顺的意识、培养孝顺的性格，不但能够获得“爱”的回报，也是帮助他们健康成长的需要，因为遵循长幼有序这一规则才能获得社会认可，才能在未来人生发展中走得更远。

人们常常以“舐犊情深”表达“母爱父爱”的伟大。在这个世界上，这种亲情是广博而悲悯的，令人景仰。“百善孝为先”是中华民族的传统美德，“孝顺”不再是古代家长制下的死板教条，它适应新时代要求继承了关爱父母等最本真的内涵。

孝顺父母，不但是为了报答长辈的养育之恩，也是为了营造一种人人相互关爱的良好家庭氛围。有这样一个真实的感人故事，母亲因为孩子的孝顺感受到人间温暖，舍弃了轻生的念头。

一位母亲患了癌症，尽管还没有发展到晚期，但她已丧失了继续生活下去的勇气。有一天，她准备了大量安眠药，决定最后看女儿几眼就服药自杀。

傍晚，上中学的女儿放学回到家里。母亲望着女儿，做最后的诀别。忽然，她想起自己小时候依偎在母亲身边的情形：一边听故事，一边吃香喷喷的煮蚕豆。母亲不禁自言自语地说：“煮五香蚕豆真香啊!”

一向孝顺的女儿听到这里，急忙跑出去，冒着雨买回来一包生蚕豆：“妈，我买回来泡好的生蚕豆了，一会儿煮好就能吃了。”说着，女儿把花椒、大料放到锅里，煮起蚕豆来。一会儿，锅里冒出阵阵香气，蚕豆煮熟了。母亲吃着女儿煮的蚕豆，思绪万千，猛然把女儿紧紧搂在怀里，泪水簌簌地滚落下来。

后来，这位母亲在女儿的鼓舞下，接受了手术治疗，身体一天天地好起来。孝顺能够感化家人，带来浓情爱意，它的力量实在不能忽视。

“慈母手中线，游子身上衣。临行密密缝，意恐迟迟归。谁言寸草心，报得三春晖。”现代家庭中，孩子成为明日的希望，被寄予了很高的期望，所以父母倾注了大量的财力和精力。然而，一些孩子不具备孝顺的品性，不能不说是成长中的缺陷。

特别是在现代家庭中，许多独生子女被娇生惯养，养成了至高至尊的心理倾向，以自我中心，从来不考虑他人的感受，所以孝顺也就无从谈起了。在这里，父母肩负着引导、教育孩子的责任。一味给孩子提供优裕的生活条件，把他们视为掌上明珠，亲朋好友对其交口称赞，并非什么好事，只能让孩子沾沾自喜，变得任性、享乐。

瑞士心理学家皮亚杰认为:“3 岁前儿童处于自我中心化阶段，儿童个性的发展是一个逐渐自我中心化的过程，表现在能从他人角度考虑问题，能有利他行为（如谦让、分享、助人等）。”因此，父母必须利用这一有利时机，注意培养孩子孝顺的品性，让他们明白“长幼有序”的道理。而对稍大一点的孩子，父母则要引导孩子学会尊敬比自己年长的人，爱护比自己年幼的人。

在这里，父母必须从以下三个方面引导孩子学会尊敬自己、孝顺自己。

第一，孩子要看得起父母，不能轻视。无论父母从事什么工作，无论他们的文化水平如何，他们都为社会也为子女做出了自己的贡献。“儿不嫌母丑”，即使父母有这样那样的不足，孩子也没有理由不尊敬他们。

第二，孩子要保持与父母聊天的习惯。双方保持沟通，不但能增进感情，还能让孩子从父母这里征求中肯的意见，避免了因自做主张导致各种错误。而对父母来说，自己得到重视，本身就是一种难得的关爱。

第三，孩子不能与父母赌气、说气话、顶撞，因为这种做法会极大伤害父母的心。每个人都有自己的不足之处，孩子对父母的缺点要谅解，对生活小事应该虚心倾听父母的意见。

此外，学会关心、照顾父母也是非常重要的。比如，平时留心父母的心情和身体，帮助干些家务活儿，父母生日时送一件小礼物，都能给父母带来愉快和温暖，表达一份孝心。

现代社会中，人们获得了极大的自由发展机会，亲情淡化成为一个不争的事实；但这并不能成为我们丢失“孝道”这一传统，不妨碍我们热烈地表达对父亲母亲的爱心。教育孩子遵守孝道，重在引导，让孩子从小养成孝顺父母的好习惯，才能建立富有人情味的家庭文化，实现“父慈子孝，其乐融融”的局面。

(1) 通过讲故事、看电视的方式，让孩子明白孝敬父母是一种美好品德，是一个人应该具备的做人原则。需要指出的是，父母要学会春风化雨的教化原则，避免采取生硬的方式，否则容易引起孩子的反感，最后适得其反。

(2) 让孩子了解父母为家庭付出的辛苦。许多孩子不知道父母的工作情况，不知道家里的钱是怎样得来的，只知道向父母要钱。孩子认为父母对自己所做的一切都是应该的，缺乏感恩的心态，自然难以自觉孝顺父母。因此，父母要经常有意识地把自己在外工作和收入的情况告诉孩子，让孩子体会到父母的辛劳，从而使他们从心底里对父母产生感激和敬重。

（3）父母要在生活中以身作则，孝敬长辈。榜样的力量是无穷的，孩子对待父母的态度，直接受到父母对待长辈态度的影响。因此，父母不要冷落自己的长辈，要经常带着孩子回家看看，做好子女应尽的责任和义务。日久天长，孩子耳濡目染，自然逐步养成尊敬长辈、孝敬父母的好习惯。

8. 不能忽视孩子喜欢占便宜的缺点

每个人都有好胜心、占有欲，孩子也不例外。不同的是，大人懂得克制自己，而孩子不善于约束自己，表现为喜欢占便宜、窃取他人成果，甚至在与人交往中妒贤嫉能。好胜心、占有欲，就象杂草一样，任由它们疯长，到头来就会妨害孩子优良品质的培养，最终害人害己。孩子喜欢窃取他人成果，有两种表现形式，一是喜欢占便宜，一是疾贤妒能。

有一次，陈星和邻居家的小朋友互相交换玩具和图书，结果他用一些不起眼的东西，比如玻璃弹珠、双层汽球等换回了对方价值很高的进口玩具。妈妈看到这种情形很生气，责备陈星不该占人便宜，但是小陈星却振振有词地说："这是我们自愿交换的，怎么能埋怨我呢?"

孩子眼里的世界和大人看到的情形是有差别的，陈星的做法是孩子之间的正常友谊呢，还是喜欢占便宜的表现，这要看他的主观意愿、交换的初衷。在这里，我们不能责怪陈星的妈妈，因为她担心孩子占对方便宜，从此染上不良的习惯，这种担心是很有必要的。

从年龄来看，小一些的孩子功利意识更弱，而大一些的孩子接触到社会和成人的想法后，往往染上占他人便宜的坏习惯，甚至把他人的东西据为己有。对于后一种情形，父母要加以重视，并采取措施干预孩子的行为。

法国哲学家卢梭说过："在道德教育方面，只有一条，既适合孩子，而且对各种年龄的人来说都最为重要，那就是：决不损害别人。"孩子占别人的便宜，把自己的满足建立在损害他人的基础上，是一种自私自利的表现。如果这种不良习惯得不到纠正，那么孩子长大后就会对他人进行更大的危害，甚至走上违法犯罪的道路。防微杜渐，父母一旦发现孩子身上有这种不良倾向，就要把它扼杀在摇篮里，帮助孩子健康成长。

这里有一个值得注意的问题，如果父母在生活中喜欢占便宜，那么往往会让孩子染上这种恶习。所以，在对孩子进行家庭教育的时候，父母必须首先自我反省一下。

张亮是两个孩子的父亲了，第一个孩子是他和前妻生的男孩，名叫小刚，今年 10 岁；第二个孩子是他和现在的妻子生的女孩，名叫小雪，今年 5 岁。张亮自从有了女儿后，就把小刚送到奶奶家。

令人忧虑的是，张亮的妻子是一个爱贪小便宜的人，不但在公司里和人争名夺利，在家里也和周围的邻居斤斤计较。受到这种影响，女儿小雪也渐渐成了一个喜欢占便宜的人。

有一次，小雪在幼儿园里看到同桌有一支新钢笔，那是亲戚从国外带来的。小雪非常喜欢，就偷偷地装进了自己的铅笔盒，还带回家让妈妈看。张亮看到孩子竟然拿别人的东西，非常生气，就斥责了小雪，并让她把钢笔还给同桌。

小刚跟随爷爷奶奶生活，就是另外一个样子了。他待人诚实稳重，是一个人见人爱的好孩子。显然，这都是受到奶奶良好教育的结果。

由此可见，在家庭教育中，家人的影响是很重要的。当孩子表现出某方面的不良倾向时，父母首先要反省一下自己，然后再从孩子身上找原因。

9. 妒贤嫉能的孩子长不大

有这样一个报道，一个中学里的两个女生是同班同学，并且住在一个宿舍里。两个人都是班里的学习尖子，每次考试成绩都不相上下。初中毕业那年，大家憋足了劲考重点高中。恰巧，女生甲考试前生病了，但是也不太严重，她担心自己考试受到影响，更担心女生乙在考试中超过自己。在焦虑和不安中，女生甲最后做出了一件终身遗憾的事情，她竟然用硫酸泼女生乙，在给他人造成巨大危害的同时，也把自己的人生断送了。

显然，上面的故事中，女生甲是受到妒贤嫉能心理的驱使才做出过激行为的。从中不难发现，当一个人妒贤嫉能时，往往丧失理智，因为妒忌而采取各种不道德的行为，不但容易给他人带来巨大伤害，也会使自己的成长和发展遭到挫折。

嫉妒会使一个人的思想封闭起来，而没有一个开放的头脑，就不可能产生良好的学习结果。当孩子对他人充满怨恨的时候，怎么能从周围的世界中学习有益的东西呢？所以，除了怨恨之外，妒忌的人往往一无所有。具体来说，嫉妒对孩子的危害表现为：

第一，产生消极心理，不利于健康心态的培养。嫉妒的人以消极的人生观为基础，孩子产生妒忌心理的时候，就会信奉“你好我就不好”的信条，长此以往，孩子就会缺少快乐和童趣，甚至走进抑郁症的旋涡。

第二，让自己丧失通过努力获得成长进步的机会。孩子嫉妒别人的时候，往往发现别人比自己做得更好，别人比自己拥有的更多。本来，孩子应该因此加倍努力，让自己获得前进的动力，但是妒忌却让孩子改变了正确的方向，去妨碍和伤害别人。这样一来，就失去了努力的时间、精力和机会。

第三，嫉妒会让孩子的人际关系恶化。通常，妒忌是发生在自己最熟悉的圈子里，孩子妒忌的对象往往是自己的同龄人，是自己身边的同学和朋友。孩子妒忌心强，不能容忍周围的人超越自己，就容易对他人产生种种攻击行为。妒忌的孩子只要发现别人进步比自己快，运气比自己好，心中就不舒服，说话也会尖刻，甚至还会做出一些小动作来。试想一下，谁愿意和这样的人交朋友呢？

因此，父母要对妒忌的孩子加以干预，避免让他们产生攻击行为，让他们走上健康成长的发展道路。

(1) 孩子发生妒忌行为时，父母要告诉孩子他人在成功之前付出了汗水与努力。

看到别人比自己强，孩子心里不舒服，这时候父母应该让孩子思考对方为什么能成功，从而引导他们规划自己的人生。当孩子学会自我反省的时候，他们就能克制自己的妒忌心，发现自己身上的不足，从而在学习中获得成长的机会。总之，父母要让孩子确立这样一个信条：解决的方法只有一个，就是我要努力进步，过得比你还要好。

(2) 父母要重视家庭教育的因素，给孩子创造一个开放竞争的成长环境，避免发生暴力等过激行为。当孩子在心理上失衡的时候，他们往往产生窃取他人成果的想法，如果在家庭中受到暴力倾向的影响，孩子很容易采取非正常的途径解决问题。反之，家庭环境开放、民主，孩子就会通过自己的努力满足内心的需要。

(3) 让孩子在自我超越中不断成长进步。实事求是地说，每个人都有妒忌心。问题是，我们应该怎样采取下一步的行动。孩子产生妒忌的时候，渴望获得和他人一样的成果，这时候父母应该引导孩子朝着这一目标努力，通过自己的付出达到预期目标，从而使自己得到进步，在超越中获得成长和进步。

第三章

好妈妈的习惯养成：好习惯是孩子终生的财富

儿童生来具有各种本能和反射，能在环境中形成多种多样的习惯，从而影响未来的人生。这种情况大多发生在儿童早期；所以，在这个时期要注意引导孩子养成良好的习惯，为将来的发展打下坚实的基础。

1. 妈妈要注重对孩子言传身教

许晴已经是一个七岁女儿的妈妈了，由于昨夜加班，她今天早晨想多睡一会儿。朦朦之中，许晴听到丈夫在督促女儿起床上学。女儿从床上爬起来，一睁眼就看见妈妈还在睡觉，于是极不情愿地喊起来："妈妈怎么不起床呀，为什么让我起呀?"

爸爸只好在一边解释："妈妈昨天晚上加班了，需要多休息一会儿!"但是女儿根本不买帐，始终忿忿不平。许晴躺在床上，不禁猛然醒悟过来："如果父母都做不到的事情，怎么要求孩子做到呢！看来，我应该改变一下教育孩子的做法。"

于是，许晴迅速穿好衣服，开始洗漱。女儿看到妈妈起床了，也开始穿衣服，顺从地准备好一切上学去了。最令人吃惊的是，孩子再也没有出现往常吃饭、洗脸磨磨蹭蹭的现象，许晴终于明白了"言传身教"的深刻含义。在以后的日子里，凡是要求孩子做到的事情，许晴总是自己先做到，同时也这样要求丈夫。结果，女儿居然改掉了许多原来的坏习惯。

由此可见，父母不仅要满足孩子的生活需要，更重要的是做孩子的榜样。也就是说，父母对孩子的启蒙，最重要的不是告诉她应该做什么、不应该做什么。道理很简单，孩子的生活经验很少，对父母的话往往难以理解，所谓"润物细无声"，对孩子最直接最有效的教育方法就是用言行来影响，即我们常说的“言传身教”。

在家庭教育中，父母要有手把手教的精神，用自己的言行深刻影响孩子幼小的内心世界，才能让孩子早日成材。

诸葛亮是我国历史上安邦定国的杰出政治家、军事家，也是一个善于教育子女的父亲。他从不娇惯孩子，总是让孩子们在艰苦的环境中磨炼成长。在两篇有名的《诫子书》中，诸葛亮循循善诱地教育孩子，提出了“静以修身，俭以养德”、“淫漫则不能励精，险躁则不能治性”的观点，教育孩子从小要严格要求自己，成为旨趣高尚、抱负远大和博学多才的人。

更重要的是，诸葛亮也身体力行，他一生俭仆自守，鞠躬尽瘁，死而后已，为孩子也为后人树立了良好的榜样。在诸葛亮言传身教的影响下，他的子孙都成了智勇足备的将军，对后世影响深远。

现代社会中，许多人注重让孩子接受良好的学校教育，这固然重要，但是家庭教育的缺失，父母角色的缺位，给孩子成长带来了难以估量的不良影响。生活中，一些父母凭借手中雄厚的金钱实力，把儿女送进贵族学校，似乎一切都可以放心了，其实这种做法并不能保证孩子在各个方面取得长足进步。父母必须明确，良好的家庭教育、父母的言传身教是任何东西都不能代替的，孩子良好性格的培养更离不开家庭的熏陶。

在家庭教育中，妈妈的说话方式、做事方法会对孩子成长产生重要影响。孩子良好习惯的养成，有赖于家长言传身教，因此父母平时应该反省自己的言行，以正确的姿态行使家庭教育的权利和义务。一个通俗的说法是，有什么样的妈妈就会造就什么样的孩子。一般来说，妈妈的个性对孩子的影响主要遵循下列模式：

（1）娇宠型的妈妈，孩子往往形成任性、反抗性、幼稚、神经质等特点。

（2）服从型的妈妈，孩子往往形成无责任心、不顺从、攻击性强、蛮横等特点。

(3) 拒绝型的妈妈，孩子往往形成神经质、蛮横、恶作剧、冷淡等特点。

(4) 保护型的妈妈，孩子往往形成幼稚、依赖、神经质、被动、怯懦等特点。

(5) 民主型的妈妈，孩子往往形成独立、直率、乐于助人、亲切、善于社交等特点。

(6) 忽视型的妈妈，孩子往往形成冷酷、攻击性强、情绪不稳定、富有创造性等特点。

(7) 专制型的妈妈，孩子往往形成依赖性、情绪不稳定、以自我为中心、胆大等特点。

(8) 支配型的妈妈，孩子往往形成服从、无自发性、消极、依赖、温和等特点。

在家庭里，妈妈要懂得反省自己，根据孩子的成长阶段对自己的言行做出相应调整。当然，最重要的是给孩子提供民主的空间，让他们的个性得到健康、自由、全面、创造性的发展。家庭不仅是孩子避风的港湾，更是孩子走向成熟、迈向社会的起点，只有走出坚实的第一步，孩子才能在将来发展中脱颖而出，“一代新人胜旧人”。

需要注意的是，父母双方都要负担养育孩子的责任，不要搞严格的“性别分工”。孩子的心理成长、习惯形成，需要来自父母双方的努力。如果孩子对父母“一边倒”，那么爸爸妈妈对孩子的影响就会失去平衡，容易对孩子的健全带来消极影响。所以，父母在教育孩子的问题上要经常交流、互相协调和配合。

2. 引导孩子养成良好的习惯

教育孩子必须从小抓起，目前人们对“胎教”的重视就鲜明地证明了这一点。父母想要把孩子培养成志向远大、有才干的人，必须从小进行引导，不但要让他们学习各种知识，还要帮助他们养成各种良好的习惯。其实，孩子就象一团泥巴，可以被塑造成各种形状。提早进行教育，孩子才能大器早成，不至于积习难改，这就是“少成若天性，习惯如自然”的道理。

匈牙利的克拉利·波尔加创造了家庭教育史上的一个奇迹——她把三个女儿都培养成了象棋世界冠军，堪称家教成功的典范。

其中，大女儿苏琳 4 岁时就夺取布达佩斯国际象棋儿童冠军，6 次名列国际女子名次榜首；二女儿李菲娅，14 岁获奥运会金牌；小女儿尤迪特更是“天才少女”，11 岁半就获得奥运会金牌，9 次名列世界女子名次榜首，16 岁击败前男子世界冠军，成为国际象棋头号女子选手。

克拉利·波尔加的家教有什么成功秘诀吗？这位伟大的母亲曾经说过，在教育孩子方面谈不上有什么秘密，如果有的话，最重要的一条是：教育孩子要提早养成好习惯。

她进一步解释说，三个孩子从三四岁时就开始下棋，显然这对培养她们一生的兴趣极为重要。科学研究表面，孩提时代是个人接受能力最强的时候，把握好这段时间让孩子接受某种训练或教育，可以让他们获得最大收益，甚至可以把他们培养成某方面的天才。

俗话说："三岁看老。"一个人的个性、心理认同在3岁左右基本就开始形成了。因为在孩子3岁左右，或者更小的时候，是他们接触外部世界的开始。当孩子想要某种东西的时候，如果不能满足就又哭又闹，以此抗议父母的管教，而父母加以顺从，长此以往孩子任性的性格就养成了。同样的道理，父母以哪种方式引导、教育孩子，他们就会形成哪种个性、价值观，直到长大成人也不会有很大的改变。

教育孩子必须从小抓起，具体来说就是，父母要帮助孩子、引导孩子、启发孩子从小养成各个方面的良好习惯。

比如在饮食上，父母要引导孩子不挑食，实现营养均衡，这样才能保证身体健康成长。孩子不喜欢吃蔬菜水果，父母应该告诉他吃蔬菜、水果的好处，还可以教孩子认识蔬菜、水果的图片、文字，在吃饭的时候让他进行回忆，引起他食用的兴趣。

饮食在个人生命中占据着重要位置，对孩子来说更是如此。孩子正在长身体的时候，特别需要均衡补充营养，所以不偏食很重要。为此，父母要从小帮助孩子养成良好的饮食习惯，教育孩子科学吃东西。这样一来，等他们到外地求学的时候，父母就不用担心孩子在饮食方面不能好好照顾自己了；而当孩子参加工作以后，也不用为他们因为饮食透支健康。由此可见，从小教育孩子养成好习惯，可以让他们受用一生。

推而广之，在学习、思考、交朋友、尊敬长辈等各个方面，父母都应该从小教育孩子懂得相应的规则，养成良好的习惯。这样一来，孩子就能成为一个懂事的人，在各方面取得优异的成绩、生活得开心快乐，日后成为社会有用的人。

如何教育孩子，怎样让孩子健康成长，是所有父母的责任和强烈愿望。在这里，我们不必妄自菲薄，而要对孩子从小抓好教育工作，进行启发、引导、说服。家庭教育没有固定的方法，人人都可以成为家庭教育专家，关键是父母要早动手，从而取得事半功倍的效果。

(1) 提早教育孩子应以引导为主，避免填鸭式的方法。古人做人做事最崇尚“自然”，因为它合乎规律、符合人情，最重要的是这种做法势如破竹、事半功倍。所以，父母教育孩子的时候一定要采取让他们容易接受的做法，避免过于生硬。

(2) 从小引导孩子做力所能及的事情。做事的时候需要动手、动脑，安排好步骤、时间，还要与人打交道，能培养孩子多种能力和素养。所以，父母要从小让孩子做一些力所能及的事情。在这里，做家务是一个重要的内容。做家务不仅是生活的必需，还能创造整洁、舒心的生活环境，培养孩子勤奋的品质。

3. 重视从小培养孩子的自理能力

培养孩子独立自主的人格，除了让孩子在思想上有主见外，更要让他们在生活中具备自理能力。当孩子具备较强的自理能力时，就能学会分析身边的事物，遇到事情的时候进行科学分析、判断，得出正确结论。

一位母亲向朋友抱怨："我的女儿已经12岁了，一天到晚只知道读书，什么也不管。自己的房间乱得一塌糊涂，从来不知道自己收拾，我只能整天跟在她后面忙个不停。"

这位母亲的担心非常典型，许多孩子年龄不小了，却还不能照顾好自己，许多事情还要家长操心。有人认为，孩子以后长大了就会好的。但是，习惯的养成、性格的培养，不是一朝一夕就能完成的，是一个渐进的过程。

因此，父母尽管爱孩子，但是不能过于宠爱他们，正确的做法是注意提高孩子的自理能力，在生活中利用各种机会让孩子接受锻炼。此外，还要引导孩子树立生活自理意识。一般来说，孩子只有从思想上认识到自理能力的重要性，才能从行动上主动地配合父母的要求，从而使彼此的努力发生共振，产生良行循环。

在这里，父母应该根据孩子的年龄特点来培养他们的自理能力，因为孩子在不同的年龄段都有不同的活动特征。具体来说，要遵循"从易到难，从简到繁”的基本原则。比如，对3岁的孩子，可以训练他们自我服务的本领，包括吃饭、洗手、刷牙等；对4岁孩子，则可以让他们学习叠被子、整理床铺等；对5、6岁的孩子，则要求他们能够自己穿衣服、脱衣服，自己洗脸、洗手，并可以从事扫地、浇花等一些简单的家务劳动。

在家庭生活中，父母是最了解孩子的，所以在培养他们的自理能力时，要根据他们的心理特征采取恰当的方法，循循善诱，从而让孩子在学习中获得成长的快乐。其实，让孩子学会自理，是让他们养成良好的个人习惯，所以这种训练要持之以恒，反复进行，在实践中不断巩固。

作为父母，最高兴的事就是看到孩子一天天长大，一天比一天懂事。当孩子具备自理能力，自己的事情自己做的时候，父母不仅感到孩子可以替自己分忧了，更为他们的成长和进步感到欣慰。对那些习惯用双翼把儿女揽在怀里的父母来说，如果总是舍不得让孩子受一点儿委屈，经一点儿风雨，凡事都要包办代替，最后会让孩子产生强烈的依赖心理。孩子缺乏自理能力，没接受过“磨难”教育，将会在日后成长中遭遇很多无法想象的困难。

所以，重视从小培养孩子的自理能力，才是对孩子负责的表现。孩子是教出来的，父母不必过低地估计孩子的独立能力，而要给孩子创造独立自主的环境。那些表面上疼爱孩子的父母，不给孩子自我训练的机会，实际上是在剥夺孩子自我发展的机会，造成他们的人格缺陷。孩子不能独立自主，就难以迈出人生坚实的步伐，这个后果，父母应该考虑清楚。

(1) 针对幼儿独立性格的培养，父母要从认知、意志、自信心三个方面入手。在认知方面，要丰富孩子的知识面、培养孩子广泛的兴趣，让他们积极主动探索周围的世界。在意志方面，可以让孩子参加各种劳动，锻炼他们的坚持性、耐心、克服困难的能力等品质。在自信心方面，父母要注意为幼儿创造一个宽松和谐的环境，对他们多表扬、少批评。通过上面的方法，一般能有效增强孩子的独立性。

⑵ 让孩子学会负责。一个人只有对自己、对别人负责，才能敢于面对眼前的挑战，并做出积极的努力。孩子来到这个世界以后，会不断观察父母的行为，以及身边的事物。这时候，父母要表现出应有的责任感，能够坚强面对生活中的困难，从而对孩子产生潜移默化的积极影响。当孩子学会负责，而不是推卸责任以后，他们就已经具备了独立自主的品质。

4. 通过做家务培养勤奋的孩子

曾国藩在家书里把“勤奋”作为维持人生发达的要诀之一，足见“勤奋”对个人成长、发展的重要意义。“勤能补拙”，让孩子成为一个勤奋的人，这是保证个人有所成就的基础。在家庭教育中，秉承“一屋不扫，何以扫天下”的理念，让孩子学会做家务，是培养勤奋个性的良方。

在现代家庭中，独生子女通常很少参加家务劳动，甚至连最基本的生活自理能力都没有。一些孩子早起后不叠被子，卧室里乱七八糟，有的孩子不会洗衣服、不会做饭也很常见，有的孩子干脆没有帮助父母擦过桌子、扫过地……孩子不参加家务劳动似乎天经地义。许多父母和孩子都认为：孩子的任务是专心念书，家务劳动等琐碎的事情干不干无所谓。可以肯定地说，这是一种错误观念。

小亮曾经是妈妈得力的小助手，每当妈妈说：“小亮，把杯子递给我。”小亮都会急不可待地跑过去，给妈妈拿过来，并且脸上充满了喜悦的神情。但是，随着年龄增长，小亮越来越懒于帮助妈妈做家务。每次妈妈让他帮忙时，他开始变得无动于衷，直到妈妈口气硬了起来才慢吞吞地行动。

面对小亮的变化，妈妈认为应该显示出自己的威严来，才能改变孩子满不在乎的样子。于是，日后让小亮参与家里的劳动时，如果他做得不好，妈妈都会极力催促，甚至发脾气。结果小亮做得更粗糙了，这让妈妈很上火。

妈妈想不通，为什么小时候那么爱劳动的孩子，长大后却不听话了呢？其实，小亮的妈妈忽略了一个问题，即孩子在做家务方面的需求。孩子小的时候帮妈妈做事，对他来讲是一件很有趣的事情，孩子有一种强烈的表现欲。当孩子意识到自己能做事了，能像大人一样行动了，自然乐于主动帮妈妈打杂。

但是，当孩子长大以后，他们开始接触到外界更加有趣的东西，做家务就不能吸引他们了，于是就有了自愿与被迫的不同。特别是一些家务劳动驾轻就熟，既没有新鲜感，更没有学习新技术所带来的刺激，孩子做家务劳动时就会对枯燥的过程感觉到厌烦。而当父母对孩子加以催促甚至是斥责时，孩子更会从内心深处感觉到厌烦。

因此，父母让孩子参加家务劳动的时候，要根据孩子的年龄特点，在劳动中增加一些新的意义，而不是简单地要求孩子“去做这个，去干那个”。假如因为孩子不听话就大发脾气，甚至大加训斥，那从家庭教育的角度来看，更是错上加错，最后只能恶化父母与孩子之间的关系。所以，父母要学会鼓励孩子做家务。

一个人无论有多么伟大的志向和抱负，都要吃饭穿衣，在生活中都有一些家务劳动必须完成。在正常的生活范围内，学会做家务，解决吃、穿、住等问题，才能实现生活自理。对孩子来说，参加家务劳动是了解生活、锻炼自我的必需。道理很简单，孩子从小就饭来张口、衣来伸手，这种“不劳而获”的做法会让孩子养成懒惰、不思进取的个性，对个人成长有百害而无一利。

孩子会做必要的家务劳动，是能够生活自理的表现，是家庭生活的需要。因此，世界各国都重视对学生的家务劳动教育和训练。在日本，学校专门开设了学习家务劳动的课程，从而让学生掌握洗衣、缝补、做饭等基本的家务劳动技能。在德国，100 多年来一直要求孩子必须帮助父母劳动，一些地方甚至颁布法律规定儿童参加家务劳动的具体内容。

自古以来，勤劳是中华民族的优良传统，让孩子从小学会做家务、参加简单劳动是家庭教育的重要内容。

通过做家务培养孩子勤奋的个性，这一点是毋庸质疑的。除此之外，经常参加家务劳动，还能培养孩子多方面的品质：

（1）参加家务劳动有利于开发孩子的智力。从人类的进化历史可以发现，劳动始终发挥着关键作用，劳动带动了语言产生、直立行走、思想进化。所以，从小让孩子做一些力所能及的家务劳动，能够促进孩子的智能提高。著名教育家霍姆林斯基说过：“儿童的智慧在他的手指尖上。”讲的就是动手劳动可以促进智能的发展。

（2）参加家务劳动可以培养孩子坚强的意志。在劳动的过程中，孩子会面对各种琐碎、繁重的事情，为了完成这些劳动，孩子必须开动脑筋，甚至依靠坚强的意志来实现。所以，无形中就在物质上、身体上、技术上、心理上让孩子得到训练。

（3）参加家务劳动可以培养孩子关心他人的品质。作为家庭成员的一分子，孩子参加家务劳动是在尽自己的义务，同时也是在帮助父母减轻负担，能够促进家庭和睦。当父母看到孩子从事劳动的时候，不仅能感受到孩子懂事了，更能从内心深处感受到孩子的孝顺，获得被关爱的感觉。

5. 养成立即行动不拖延的习惯

在军事行动中，讲究“兵贵神速”！在现代商业世界中，速度意味着商机和财富。学习中老师布置作业、安排预习任务后，孩子要坚持立即行动的策略，在规定的时间内完成学习内容，绝对不能拖延。

青春年华，时光宝贵，“一万年太久，只争朝夕”。做事拖延的习惯会阻碍孩子走向成功，乃至最后一事无成。所以在学习中，孩子不能为自己找各种借口、受各种诱惑吸引，而失去了行动的最佳时机。

我们都听说过《寒号鸟》的故事，它在阳光明媚的日子里卖弄歌喉，而其它鸟儿则辛勤劳动，搭建自己的屋子。当有人劝它准备过冬的住所时，它还当作耳旁风。在经受了夜间暂时的寒冷后，寒号鸟没有吸取教训，仍然拖延。结果在日复一日的等待中，冬天到来了。当别的鸟儿们晚上在暖和的窝里休息时，寒号鸟却在寒风里瑟瑟发抖，最后冻死了。

在学习生活中，宝贵的时光经不起肆意挥霍，单纯寄希望于明天，不可能在实现预定目标的过程中有大的收获。所以，家长要引导孩子善于利用今天，从而有效把握明日。

在人的整个生命过程中，拖延的危害远远大于一次重大失误，它会损耗孩子的理想和斗志，最后使整个人生质量大打折扣。学习目标的实现、优异成绩的取得不是空想就可以实现的，必须借助于日复一日的努力。所以，在学习中养成立即行动绝不拖延的习惯，可以庇佑孩子早日走向成功。

宋人张泳说过："临事三难：能见，为一；见能行，为二：行必果决，为三。"当机立断是一个人获得成功的关键，因为拖延会使我们丧失一次次发展良机。而美国哈佛大学人才学家哈里克也曾经深刻指出："世上有93%的人都因拖延的陋习而一事无成，这是因为拖延能杀伤人的积极性。"

孩子是否在学习中经常为自己找寻各种借口，拖延原有的学习计划和功课？要知道，这种日积月累的恶习会断送他们明日的成功和幸福，耗尽孩子生命中宝贵的时间和精力，它的危害性与慢性自杀无异。

拖延是一个习惯，行动也是一种习惯，坏习惯要用好习惯来代替——这就是大胆行动，拒绝拖延。为了帮助孩子克服拖延的习惯，家长可以采取如下建议：

(1) 充分认识到"拖延"的危害性。拖延是一种人性的弱点，孩子不能总是为自己制造各种借口，要看到学习中"拖延"的形成是由自己造成的。

(2) 大胆承认学习中的"拖延"恶习，并决心改变这种不良习惯。事实上，孩子在拖延的过程中，内心经常产生某种负疚感、焦虑感或忐忑不安；而当孩子不再拖延时，内心会充满幸福感和成就感。

(3) 学习中要严格要求自己，大胆行动。孩子要在学习中做个与时间赛跑的人，战胜自我的惰性和优柔寡断。患得患失绝对会妨害孩子进行大胆的行动，胡思乱想是孩子产生延误的重要原因。

6. 威严是制止孩子越轨行为的关键

父母与孩子之间的沟通，必须建立在相互认同的基础上，才能取得预期的效果。比如，孩子首先要尊敬、认同父母，才能对他们的教导进行深入思考、分析、接纳，否则对父母的意见心不在焉，怎么能有良好的效果呢？用教育学的观点解释就是——教育若不能使教育者与受教育者达到心理相容，很难产生强大的教育效果，更难转化为受教育者的学识、意志和品质。

因此，让孩子接受和认同父母，在很大程度上来自父母应有的威严。这种“威严”既包括说话时的严肃表情、郑重的话语，也包括父母在日常生活中建立起来的威信。特别是当孩子发生越轨行为时，父母更要以自己的威严约束孩子，纠正他们的错误言行，并进行指正。

我们都有这样的体验，孩子有时候常常撒泼耍赖，特别是在明知自己犯错的时候，反正撕破了脸皮，他们也就毫无顾及了，于是干脆我行我素起来。这时候，父母如果迁就孩子，而不是以应有的威严制止他们的放任行为，就容易让孩子错上加错，带来难以估量的消极后果。所以，威严是制止孩子越轨行为的关键，父母面对孩子不妥当的行为必须狠下心来纠偏，让孩子保持敬畏、谨慎，从中反思自己的言行，获得成长进步的机会。

父母首先要保持威严，然后表现出慈爱，孩子才能遵从孝顺的礼节，这种见解是很有道理的。父母爱护孩子是人之常情，然而也要避免因对孩子过分亲昵而丧失应有的威严。在孩子眼里，如果父母只有爱、没有威，那么他们势必丧失应有的礼节，不会对父母的话牢记在心，更不要说尊敬、孝敬父母了。

特别是在孩子发生严重的越轨行为时，父母更要保持应有的威严教育。比如，孩子不听劝告穿越马路、攀登危险的高地等，都会对他们的身心，甚至生命产生严重危害，这时父母再怎么严厉也是必要的——这既是为人父母的一种义务，更是一种责任。

(1) 父母要把握好与孩子之间的亲昵关系。尽享天伦之乐，是人生的幸福与快乐。孩子与父母之间应该是充满爱意、亲昵关系的，但是必须把握好一个“度”，即该亲昵的时候要放松，不该过分亲昵的时候就要保持必要的威严。特别是在教育孩子的时候，父亲与孩子过于亲昵，严肃的事情可能演化成嘻嘻哈哈，父母的家教行为就会失去意义。

(2) 父母要反省自己与孩子对话时的交谈方式。许多父母常常感到，和孩子讲道理是一件困难的事情。比如，父母说得天花乱坠，孩子却左耳朵进，右耳朵出。在这里，父母需要检讨自己的言行，是不是用词不当，是不是表情不严肃，是不是语气不对，等等。根据不同的问题、场合、时间，保持相应的威严，才能让孩子接纳我们，听到耳朵里，记在心上。

7. 多锻炼孩子的动手能力

生活中，有的孩子读书不注意消化，学到知识以后不会灵活应用，常常让父母焦虑万分。比如，学了语文不会写文章，学了数学不会计算，学了珠算口诀拨不动算盘，学了物理、化学不会联系工农业生产实际，这种情形反映出孩子在学习上存在着很大误区，与接受教育的目标还有很大距离。

改变上面这种情形，其实并非困难的事情，父母要引导孩子不断改进学习方法，克服“学而不思”的毛病，善于把书本知识和生活实际联系起来。实际上，孩子如果把学到的知识和生活以及身边的事物联系起来，不但有助于他们理解知识、加深对知识的掌握，还能让他们对自己和周围的事物有新的认识。

更重要的是，孩子掌握了思考的方法，就从根本上掌握了学习的方法，学会了如何处理现实中的各种问题。将来孩子走向社会以后，就能妥善处理各种问题，把事情办好。

人类学家的研究表明，劳动在人类进化中发挥了决定性的作用。比如，语言的产生、上下肢的分工、思想的诞生，都离不开双手的劳动。目前，孩子接受学校教育大多是课堂上的间接知识学习，实际动手的情况比较少。所以，父母要利用一切机会锻炼孩子的动手能力，让他们在动手的过程中体会所学的知识。

国际著名教育专家蒙台梭利认为，婴幼儿不宜接受正规的学校式教育方式，因为他们是在自由游戏中得到教育。这一观点，与我们熟知的“心灵手巧”是一致的。生活中，一些孩子只把书本知识学好了，但是懒得动手，过于依赖父母，甚至自己能做的事也推给父母或他人去做，结果出现了操作能力差的情形，反过来又影响到智力发展。

“衣来伸手，饭来张口”，这种生活方式不值得提倡；相反，父母要引导孩子多动手，才能让他们早日养成学以致用的好习惯。实际动手操作的过程，不但能促进孩子大脑的发育，开发思维，还有助于培养孩子不怕困难的良好性格。道理很简单，一个喜欢动手做事的孩子会主动接受挑战，遇到困难的时候会主动思考，耐心解决问题，认真把事情做好。这样一来，孩子就逐步建立起善于做事、成事的必备品质。

更重要的是，孩子对周围的事物发生了浓厚兴趣，喜欢接受挑战，那么对学习也会产生热情，而不是把它看作一种负担。而在学到知识以后，孩子会自觉地把知识应用到生活中去，从而产生一种良性循环。

爱迪生是闻名世界的伟大发明家，他的巨大成就都是在实际动手过程中取得的。有一天，爱迪生在试验电话的时候，忽然发现送话器里的碳质薄膜会随着声音的颤动而震动。于是，他马上找来一根细钢针，把一头固定在碳质薄膜上，让钢针尖接触手指。做好一切，爱迪生开始对着送话器讲话，果然，钢针尖震动起来了。

看到这种情形，爱迪生产生了一个绝妙的想法：如果把声音的颤动变成机械的震动，那就一定把人的声音贮存起来；反过来，假如让针尖带动薄膜重新震动，也就一定能发出原先的声音。

就是这个小小的实验，让爱迪生萌发了发明“留声的机器”这一想法。此后，他经过无数次实验，终于给人们带来了一架会说话的机器，并在当时轰动了美国，震动了全世界。

我们都知道，实践是检验真理的唯一标准。实践就是行动，就是动手去做。培养孩子的动手能力，让他们不拘泥于书本知识，才能有效掌握学习知识的根本方法，并把学到的知识应用到生活中去，做到学有所得，学有所用。

（1）培养孩子良好的动手习惯，让他们早日自立、自强。孩子在动手的过程中会养成务实、勤劳的个性，学习书本知识的时候就能有效避免空谈、教条的弊端。这样一来，孩子学到书本知识以后，就能积极主动思考，而不是被动接受，极大地增强学习效果。

（2）引导孩子关注社会现实。现实生活丰富多彩，那种“两耳不闻窗外事，一心只读圣贤书”的做法早已经过时了。引导孩子关注社会现实，才能让他们更好地、深刻地理解所处的时代，理解生活中的各种规则。当孩子学会拥抱生活的时候，他们就能在学习上积极主动起来，并且会努力做到学以致用。

第四章

好妈妈的学习理念：提高孩子学习成绩的科学建议

带领孩子学会“学习”，不但要让孩子知道怎样读书、如何思考，更重要的是适应当今以及未来社会发展趋势，让孩子确立终身学习的理念、明白困顿时候学习的必要性、与实践结合学习的重要性。

1. 培养孩子主动学习的精神

“学习”是安身立命的根本，一个人学会了某种技艺，将来才能从事某种工作，解决吃饭的问题。在自然界里，小动物一生下来就要学习捕食、躲避危险的本领，这都是为了日后生存下去。同样的道理，父母也要让孩子明白“学习”的重要意义，让他们主动学习、学到真本领。

古往今来，“学习”在世界各地都受到人们的广泛重视，这是因为无学将无以致用。一个人不学习，就不能掌握各种知识、本领，就不能生存和发展。不管你是否承认，每个人的一生都是在学习中度过的。

谈到学习，人们首先想到的是学校教育，其实为人处世、说话办事也是重要的学习主题。所以，父母要让孩子确立积极主动学习的意识，不但要学好书本知识，还要努力掌握做人做事方面的学问。

生活中，导致个人命运的因素有很多，其中“学习”发挥着关键作用。“学”与“不学”，“主动学习”与“被动学习”，结果是大不一样的。通常，父母和孩子都清楚学习的重要性，但是在学习的主动与被动问题上，却存在着误区，甚至意识不到有这种差别。

孔子说过：“三人行，必有我师。”让孩子学会主动学习，就能在每天的成长过程中获得有益的东西；否则，孩子的先天条件再好，也会因为不学习而一事无成。有的孩子聪明伶俐，父母往往宠爱他们，但是不能让他们放弃学习的主动精神，更不能因为比其他小朋友早认识几个字、多读了几首诗歌，就洋洋得意。孩子先天条件好，更要主动学习，把自己的优势发挥出来，日后成就更大的本领。

在这里，我们举一个例子，可以有效说明主动学习的重要性。

当年，孔子的学生子路曾经理直气壮地说:“南山上的竹子，本来就直挺挺的，用不着矫正。砍来当箭用，可以射穿犀革。所以，一个人本质上优秀就行了，学习有什么用呢?”

对此，孔子回答：“你说的很对，砍了竹子可以制作成箭。但是，如果在一边加上羽毛，另一边装上锋利的箭头，不是射得更远、更深吗?”

子路听了，恍然大悟，于是恭恭敬敬地行礼，主动接受孔子的教育!

从中可以看出，一个人无论多么聪明、记忆力多么好，如果不学习，就不能掌握更多知识和本领，就不能让自己更有本事，只能停留在原来的水平上；而那些资质比不上你的人，则可以通过后天的学习超越你。因此，主动学习是孩子成长进步的基石，是孩子走向成功的必由之路。

对父母来说，保护好孩子的求知欲，激发他们积极主动学习的精神是非常重要的。具体来说，要把握好下面几个原则：

(1) 培养孩子的探索精神。一般来说，孩子对周围的世界充满了好奇心，本身非常渴望了解身边的一切事物。因此，父母要引导孩子接触、认识各种事物，提供必要的解释；如果自己不清楚，就要主动了解这方面的情况，告诉孩子，避免用“不知道”直白地回应孩子。

(2) 培养广阔的视野和良好的包容精神。孩子具备了广阔的视野，就能站在更高的角度思考问题，就善于从多个角度考虑问题；孩子具备了包容精神，就能从各个方面学习知识，不会对外在的东西加以排斥。

(3) 帮助孩子处理好书本知识与课外知识的关系。在强大的考试压力下，孩子终日沉浸在书本知识中，对课外的东西知之甚少，这不但制约了孩子全面素质的培养，也让他们对外在的东西缺少学习的热情。所以，父母要帮助孩子处理好二者之间的关系，让课内与课外知识相互促进。

2. 帮孩子确立终身学习的理念

多年以前，北京提出了一个计划：建设终身学习体系，把北京建设成学习型城市。按照计划，北京市将通过社区教育、职业培训、继续教育、农村教育等方式，逐步建立起覆盖全市的终身学习服务体系，到2010 年全市从业人员平均受教育年限超过 12 年。

“建设学习型城市”，这是时代发展的需要。一个不争的事实是，学习已经成为个人成功、现代社会竞争的强大动力。21 世纪是一个学习的时代，学生在校园内获得书本知识是学习，商业人士在实践中总结经验教训是学习，公司白领利用内部培训、业余时间充电也是学习……

不难发现，“学习”已经不仅仅局限于学校教育了，而是贯穿于人生的始终。因此，父母要从小引导孩子确立终身学习的理念，让他们把“学习”变成一种自觉行动，变成一生的习惯。

观察当今大学毕业生就业情况可以发现，这些年轻学子面临着强大的竞争压力，一方面就业人数多，会给刚毕业的大学生带来就业压力；另一方面，工作以后刚刚走向社会，会有很大的工作压力。

我们看到，一些大学毕业生抱怨就业人数太多，抱怨学无所成。其实，仔细分析不难发现，他们遇到这些困难与自己缺乏终身学习的理念有很大关系。显然，许多人把大学当成了一个铁饭碗，认为只要拿到了毕业证就可以一辈子有饭吃了。恰恰相反，学习是贯穿一生的行为，参加工作以后，也要放下架子，学习工作中的计划安排、与人相处、解决问题。如果不懂得终身学习、不善于从身边的点滴学起，那么一个人掌握的知识再多也会遇到困难，甚至寸步难行。

在北京大学的光华管理学院，有一个 MBA 班，在这里学习的人往往是那些百万富翁、千万富翁，他们开着高级轿车从宿舍到教室上课，成为一道独特的风景线。从中可以看出，一个人无论取得多大的成就，只要想继续前行，就必须放下架子甘当小学生，努力学习。

华人首富李嘉诚曾经接受一位外商的讨教："李先生，您成功靠什么呢？"对此，李嘉诚回答："靠学习，不断地学习！"是啊，天上不会掉馅饼，天下没有免费的午餐，但是人们普遍有一种投机心理，渴望通过一朝成功换取终生的荣耀。其实，成功从来都是以巨大付出为前提的，而这种付出就是努力学习——了解情况、发现问题、解决问题。

对父母来说，引导孩子确立终身学习的理念，能够让他们始终保持积极进取的状态，为日后克服困难、走向成功打下坚实的基础。当孩子考试成绩不理想时，当孩子遇到挫折时，当孩子处于人生低谷时，只要具备终身学习的念头，他们就能自学求上进、自强求成功。

（1）培养孩子勤奋踏实、忍受寂寞的品行。无论是学习书本知识，还是学习身边的做人做事技巧，都需要勤奋刻苦，而在思考的过程中则需要忍受寂寞，才能有所感悟。一个人不浮躁、不怕吃苦，拒绝惰性，才能有所收获。

（2）把"学习"变成一种自觉行动。"世事洞明皆学问，人情练达即文章"。意思是，懂得世间的各种道理都是学问，在处理各种事务时游刃有余就是最好的文章。孩子不仅要注意学习书本知识，还要掌握沟通、劝说等各种人情世故。只有自觉学习身边的所有事务，对各种问题有所思考，孩子才能真正获得成长和进步。对此，一位教育家说过："教育的目的是养成自己学习，自己研究，用自己的头脑来想，用自己的眼睛来看，用自己的手来做的这种精神。"

3. 掌握知识才能增加才干和本领

在知识经济时代，一个人的知识水平决定了他的视野、发展空间。一个人只有掌握知识，才能增加才干和本领，改变自己的命运。父母要让孩子明白“知识就是力量”，同时还要引导他们用掌握的知识解决现实中的问题，不断历练自己。

一天晚上，小明正在看电视，忽然发现爸爸全神贯注地坐在沙发上看书，根本没有被精彩的电视节目吸引。于是，小明好奇地问：“爸爸，为什么您那么热爱学习？”爸爸扭过头来认真地说：“‘知识就是力量’呀！我在工作遇到的所有问题都要通过各种知识来解决。”说完，爸爸笑了笑，又接着埋头认真看书了。

这时，妈妈从书房里走出来：“我的电脑又出故障了，快帮我看看吧。”爸爸急忙放下手中的书，跟妈妈走了过去。不一会儿，爸爸就笑着走出来：“小问题，以前我让你多看看计算机方面的书，就是为了遇到问题时派上用场啊，现在知道了吧。”妈妈在屋里说：“恩，真是这么回事，我一定好好学习电脑知识！”

小明坐在沙发上，看着眼前的一切，听着爸爸和妈妈的对话，也没心思看电视了。小明最喜欢玩电脑了，如果不是妈妈用着，他早就过去疯狂一把了。看到爸爸对电脑知识手到擒来的样子，小明心里直痒痒，“知识就是力量”，多么有分量的话啊。从这一天起，小明意识到知识的重要性，开始爱上学习了，各科成绩有了很大提高。

在家庭教育中，父母要督促孩子把学习成绩抓好。显然，给孩子施加过大压力，甚至给他们定下考试成绩的硬指标，往往不能收到良好的效果。学习虽然是一件苦差使，但是苦中有乐，激发孩子的学习兴趣，让孩子充分认识到知识的价值和力量，更能引导他们积极主动学习。

在这里，父母可以给孩子讲一些名人故事，在了解历史的同时，让孩子体会到知识的价值。比如，袁隆平爷爷凭借出色的才华和不懈的努力，成功研制出杂交水稻，大大提高了水稻产量，真正做到了“依靠科学技术进步就能养活中国”，解决了中国人的吃饭问题。

父母可以向孩子提问：“袁隆平爷爷为什么能培育出杂交水稻，为什么能为中国人的吃饭问题做出贡献?”接着，可以进一步解释，“杂交水稻”包含了高科技知识，除了袁隆平爷爷的勤奋努力外，这里发挥关键作用的是知识的力量。

让孩子看到知识的力量以后，他们就能体验到知识的重要性，感受到科学技术的伟大。最后，父母要启发孩子像袁隆平爷爷一样有理想，好好学习，掌握科学文化知识，将来作出贡献，实现自己的梦想。

除了上述讲解外，父母还应该让孩子了解当今各个门类的高新技术知识，比如精密的机器人，不用燃料的汽车，我国的载人飞船，以及纳米技术等。这些科学知识能给孩子带来耳目一新的感觉，激发他们无穷的想象力。

当然，“知识”包罗万象，并不仅仅局限于这些高新技术知识，生活中处处都要涉及到各方面的具体知识。父母应该让孩子在生活中体验知识的力量和价值，让他们获得更加直观的感受。

4. 读书能提升孩子的修养水平

“书籍是人类进步的阶梯”，引导孩子养成读书的好习惯，不但能帮助他们获得技艺、才能，提高谋生的本领，还能让他们充实自我，加强自身修养。

世界上有许多民族喜爱读书，芬兰人、俄罗斯人、英国人、美国人等都有阅读的传统。其中，犹太人尤其以喜爱读书闻名于世。犹太民族涌现出了众多思想家、科学家，以及拥有亿万家产的富贾巨商，比如马克思、爱因斯坦、弗洛伊德、索罗斯等，都是犹太民族的杰出代表。这一现象，与犹太民族良好的阅读传统、独特的家庭教育理念密不可分。

历史上，犹太人不断遭受迫害，他们的财产被掠夺、房屋被烧毁。为了生存和发展，犹太人把寻求知识、增长智慧当成防御的手段，并且把读书作为一种优良的传统保持下来。通过读书获得知识，而后运用知识谋生，这是犹太民族的一个重要特点。

犹太人喜欢读书、求知欲强，是从小接受家庭教育养成的。据说，犹太人有这样一个传统，孩子懂事的时候，母亲都会在《圣经》上滴一点蜂蜜，然后让孩子去吻，使他们从小在心灵上就知道书本是甜蜜的。

今天，通过读书学习知识、实现理想、改变自身命运，已经成为人们的共识。特别是在当今激烈竞争的社会里，多读书、读好书是孩子将来立于不败之地的选择。

我国自古就有崇尚读书的优良传统，并且读书是与个人成功紧密相连的。在现代社会里，让孩子读书，学习书本知识，用丰富的知识武装他们的头脑，更多是个人生存和发展的需要。而这一任务是通过学校教育完成的。于是出现了这样一种情况，父母单纯把孩子交给学校，除了督促孩子完成作业外，忽略了对孩子阅读习惯的培养，而这对孩子成长是不利的。

读书不仅仅是接受学校教育，学习课本上的知识，更重要的内容是养成阅读的好习惯，阅读课外书籍。文学、传记、历史……这些包罗万象的书籍不仅能让孩子增长知识，还可以陶冶他们的情操，磨炼他们的意志。从某种意义上说，孩子人格健全、心理健康，才真正达到了阅读的目的。现实生活中，一些孩子面对强大的升学和就业压力，产生了严重的心理问题，焦虑、恐惧、暴躁困扰着他们。

出现上述情况，除了外部原因外，在很大程度上是因为孩子只接受学校课本教育，忽视了课外阅读。孩子没有养成课外广泛阅读的习惯，没有学会在课外阅读中思考、调整心理，就容易遇到各种麻烦。

所以，父母要引导孩子学会读书、学会思考，不能仅仅满足于课本知识，更不能在取得高分以后骄傲自大，四处炫耀。读书本身是一项长期修炼，伴随孩子一生的成长过程。在成长的各个阶段，孩子在阅读中思考，不断充实自己、提高自己，才能不断进步，遇到问题后能够以积极的心态面对。

为孩子提供读书的家庭气氛，这是父母应该努力实现的目标，而且这种努力不需要花费很高的成本。其中，最重要的是父母必须身体力行，为孩子树立阅读的榜样。比如，晚饭后，父母不必坐在电视前熬时间，拿出几本书静心阅读，能够让自己开阔视野，增长知识，还可以引导孩子一起阅读。养成阅读的习惯后，父母和孩子都能终生受益。

在这里，父母要根据自己和孩子的需要，购买合适的图书，最好再布置一个书架。显然，建立一个家庭图书馆是很有必要的。以犹太人为主要人口的色列人每家每年都要订阅几份报刊，家里的藏书也十分丰富；其中，14岁以上的以色列人平均每月读一本书；而且，犹太人还有一个世代相传的习俗，那就是书橱一定要放在床头，而不能放在床尾。可以说，生活在书的海洋里，犹太民族诞生了那么多杰出人物就一点儿也不奇怪了。

由此可见，家庭环境决定了孩子的一生，改变和塑造着孩子的心灵。因此，父母要为孩子创造良好的阅读氛围，让他们从小喜欢读书、读好书。

事实上，孩子对读书的热爱是一种本能。因为，那些年幼的孩子来到这个世界上，对身边的事物充满了好奇心和求知欲。父母应该用心维护孩子的这种求知本性，避免用“填鸭式”的灌输方法，引导他们在阅读中认识未知的世界。一方面，父母要给孩子购买自然科普、唐诗宋词、历史故事等方面的图书，让他们自己看；另一方面，父母要帮助孩子阅读，向他们生动、形象地传授书本上的知识，发挥春风化雨、潜移默化的作用。

今天，电视、网络等给孩子提供了学习和探索的手段，但是，它们并不能代替阅读的功能，而且电视、网络中一些不适合孩子的内容和情节大量存在，也会破坏孩子的心灵世界。所以，父母更要引导孩子阅读品类丰富的图书，从中受到良好熏陶，在学习知识的同时开阔眼界，提升个人素养。

5. 学习知识必须和实践结合起来

孩子学到知识，都喜欢在父母面前炫耀。其实，父母不能仅仅夸奖孩子，更要善于帮助他们从实践中体验所学的知识。这样一来，孩子不但加深了对知识的理解，还能增强学习兴趣，产生强大的学习动力。

明明放学回到家里，告诉妈妈今天学习乘法运算了。妈妈听了非常高兴，就对明明说："刚才妈妈在超市里买了三袋巧克力，每袋 8 块钱。你帮妈妈算算，一共花了多少钱啊？"

明明听了兴趣十足，走过来认真地说："好啊，让我给你用乘法算一下。"说完，明明仰起头叨念起来："一八得八，二八十六，三八二十四……我知道了，花了二十四块钱！"

"恩，不错。真聪明。"妈妈高兴地说，"来，今天妈妈再做一个菜，好好犒劳犒劳你！"

母子二人边说话，边复习孩子课堂上学习的知识，既增进了感情，又强化了学习效果，这的确是一个不错的学习方法。人们知道某件事，学到某些东西时，都喜欢在人前"卖弄"，孩子也有这种心理。所以，父母完全可以给孩子提供一个"卖弄"的机会，让他们认真地演示一下课堂上学到的东西，或者检验一下孩子学习的效果。孩子在实践中对所学的知识有了新的体验，往往能激发学习兴趣，加强学习效果，产生积极的促进作用。

“纸上得来终觉浅，绝知此事要躬行。”书本上的知识固然重要，但是必须经过实践的检验，经历了切身的体会，才能有深刻的认识。此外，放下书本，走向生活，在实践中学习做人做事的道理，是“学习”更重要的主题。

不可否认，接受学校教育是掌握知识的重要途径和必经阶段，但是在越来越强调书本知识的同时，父母更有必要引导孩子学会从实践中学习知识，获得直接经验。事实上，社会是一个大学校，天地宽广，这里有无穷的知识。从某种意义上说，书本知识都是从社会实践中得来的。所以，让孩子早日明白跳出小书斋、走向人生广阔天地的道理，对他们一生的成长和发展都是至关重要的。

现实生活中，一些孩子“高分低能”；一些大学毕业生“毕业即失业”，缺乏实际操作能力……种种迹象表明，今天的孩子缺乏实践能力，缺乏从生活中学习知识的本领，已经严重制约了他们的进步。一个人无论在学校里学习多少知识，其最终目的都是为了将来走向社会，更好地生存和发展。明确了这一点，我们就能明白从实践中学习知识的重要意义了。

学习家教，引导孩子更好地成长，并不能仅仅局限于当下的问题，比如让孩子考个高分，这显然是不负责任的表现。在学习问题上，父母更应该教给孩子“学习的方法”，才能真正帮助他们掌握生存的本领。

事实上，知识是来源于生活，为生活服务的。孩子学习知识，就是为了将来应用到生活中去，更好地生存和发展自己。所以，父母要有意识地让孩子在生活中体验所学的知识，培养他们理论联系实际的能力，增强他们把知识应用到生活中去的自觉性。

从长远的角度考虑，这样做还能培养孩子善于观察社会、分析问题的能力，比那种死读书的做法要高明许多。当孩子学会利用已有的生活经验作为支撑，去主动理解课本上的知识时，他们就已经学会了主动学习，而不是被动理解各种文字符号。试想一下，孩子能够把知识和生活实践结合起来，主动、自然地学习知识，这不正是我们希望看到的吗！

在这里，实际上给父母朋友出了一个难题，那就是怎样才能帮助孩子把学习知识和生活实践结合起来。具体来说，可以参考下面的行动步骤：

第一，父母要掌握孩子的学习课程安排，对各个阶段的教学目的有一定了解。

比如，孩子学习长度计量单位的时候，父母就要帮助孩子体会常用计量单位的概念。以“厘米”为例，父母可以找一个 10 厘米长的筷子，让孩子拿在手里，有直观的认识；然后可以让他举例，生活中什么东西可能是 1 厘米长的？哪些东西是 50 厘米长的？这样一来，孩子就有了直接的生活经验，在考试的时候就能有切实的体验。

第二，父母要制造情境，让孩子把学到的知识尽可能地应用到生活中去。就像上面明明接受妈妈的数字考核一样，父母要帮助孩子把知识与生活中的问题联系起来，让孩子懂得生活中的基本道理，再去深入理解课本上的数量、逻辑关系。

6. 只要想学习，任何时候都不晚

人在年幼的时候，精神专注而敏锐，所以这时候努力学习会取得良好的效果，能为日后的人生发展奠定坚实的基础。但是，出于种种原因，有的人刚开始没学好，有的人出现偏科现象，有的人失去了最初的学习机会……这一切都不重要，重要的是你想不想学，有没有决心现在努力学习。只要坚定信心，把握好当下的时间，就不算晚，就能学有所得。

所以，孩子幼年错过良好的学习机会，或者小学没有打好基础，现在也不用丧失信心，自暴自弃。少年得志固然是件好事，但是经过努力，后来取得巨大成就，也非常普遍。无论什么时候，孩子只要想学习，父母都应该给予大力支持。

有的孩子出现偏科，或者以前的基础没有打好，往往在学习中丧失信心。其实，学习始终是一个过程，中间出现一些挫折是很正常的，暂时没学好并不重要，重要的是从现在这一刻开始发奋学习。

生活是丰富多彩的，其中也充满了波折。问题是，无论到了什么时候，我们都要积极面对。有的孩子受到社会不良风气的影响，做了一些错事，甚至走上了违法的道路。这时候，自暴自弃不但不能解决问题，还会让我们的后半生失去光彩。浪子回头金不换，从现在开始给自己确立一个目标，而后发奋学习，努力做事，功夫不负有心人，一定会有所收获。

孩子犯了错，或者学习基础没有打好，父母要鼓励他们发奋有为，如果把不满、抱怨的情绪显露出来，只会从此丧失信心。实际上，孩子不是生来就是一个天才，也不一定按照成功的道路前进；父母在家庭教育中的作用表现为，要学会引导孩子一步步走向成功，即便他们遭遇挫折、面临困难的时候，也能给予科学指导、大力支持，而不是用抱怨回应孩子的不足和过错。

渴望成功是每个人向往的东西，父母希望孩子在学业上有所长进、有所得，孩子又何尝不是这样想呢？但是任何成功都是一个不断积累的过程，重要的是始终坚持做下去，不轻易放弃。在学习上，只要孩子坚持不懈努力，父母就应该给予支持。

张伟从小就有学习钢琴的梦想，但是他错过了最佳的学习时机，直到 14 岁那年才在学校里接触到钢琴。按照通行的观点，孩子一般从五六岁就应该开始学习钢琴，才能有所成就。显然，张伟现在学有点晚了。但是他没有轻易放弃，每天都到琴房练习，坚持了三年。

毕业那年，张伟已经是一个优秀的钢琴手了，赢得了老师的赞赏。显然，能达到这一步就已经不错了，然而张伟还有更高的目标。他报考了一所音乐学院，工作后利用业余时间还在一家酒吧弹钢琴。钢琴成了张伟生活的重要组成部分，多年以后他在一次业余比赛中斩露头角，一鸣惊人。

学习，确实是任何时候开始都不晚。特别是对孩子来说，不管他遇到了怎样的困难，遇到了哪些麻烦，都不能否定他们日后成功的可能。有的父母对孩子失去信心，其实是在以静止的观点看问题。学习是不断积累的过程，只要坚持一定会有收获。从现在开始给孩子创造良好条件，鼓励他们刻苦奋斗，一定会有收获。

事实上，孩子的成长是一个不断试错的过程，不只是在学习上，在任何问题上都应该给他们新的尝试机会，鼓励他们继续努力。教育孩子，首先要有一个好的心态。有的父母对孩子随意加以否定，不对他们抱有希望，实际上是心理浮躁的表现。

也就是说，有的父母太希望孩子成功，太希望他们在学习上名列前茅；但是，这些父母忘记了这样一个基本事实：无论年龄大小，只要为成功付出了相当努力，就值得鼓励和赞赏。对孩子急于求成，不顾及他们的基础，就会使孩子丧失刻苦努力的意愿和动力。所以，只要孩子有上进心，有长进，父母就要给予大力支持和肯定，让孩子在不断积累和坚持中走向成功。

(1) 让孩子成为一个上进的人。上进的人懂得积极进取，无论遇到什么困难都能努力应对，解决问题。即便学习遇到挫折，他们也能从现在开始改变方法，走向新的成功。所以，先让孩子成为上进的人，他们才能在学习上有所收获。

(2) 培养孩子持之以恒的精神。准确地说，学习始终需要刻苦努力，需要长时间的付出。把成功的希望寄托在长期努力上，不急于求成，才能真正有所收获。学习是做学问，和做人一样，必须心平气和，踏踏实实，能够持之以恒。孩子不浮躁，始终努力上进，就能有收获。

7. 学习中最忌讳骄傲自大

一个人只有不断学习才能充实自己、提高自己，得到成长和进步。孩子自控能力差，取得成绩和进步以后，很容易放松对自己的要求，一旦骄傲起来，反而会走向失败。对此，父母要引导孩子学会谦虚谨慎，不能在取得成绩以后就飘飘然，不知天高地厚。

“满招损，谦受益”，一个人过于自满就会对个人成长带来损害，只有保持谦虚谨慎才对自己有益。物理学家、数学家、天文学家牛顿也曾经说过:“我不知道人家怎样看我，但是在我自己看来，我就像一个在海滩上的小孩子，偶尔拾到一片较为光滑的圆石，而真理的大海我并未发现。”

孩子在成长的过程中，是学习各种知识的最佳时期。这时候，他们应该像海绵一样，饥渴地吸收知识，像大海那样“有容乃大”。如果孩子不懂得保持一份谦虚，取得成绩以后就狂妄自大、不思进取，那么他们在学习上就会停滞下来，就不能继续前进了。始终保持谦虚谨慎，才能学到更多的东西，才能在日后成就大事。

事实上，谦虚是有雄心、有大志的表现。一个怀抱雄心大志的人，首先应该是一个谦虚的人。只有能够从整个历史的长河中，从整个人生发展阶段恰如其分地估计当前既有的成就，才能正确评价自己，妥善面向未来。

生活中，有许多孩子因为一时取得好成绩就骄傲了，不谦虚了，结果最后成绩又开始下滑，走向了失败。相对于眼前的学习来说，孩子未来步入社会以后的挑战才更艰巨，如果现在不养成谦虚谨慎的品质，那么日后就容易在成就面前自满、固步自封，很难做出卓越的成绩。古往今来，多少崭露头角的青年因为骄傲栽了跟头，实在数不清了。他们由于过于自负，目空一切，最终在事业上夭折了。这些教训都是非常深刻的！

在学习中，孩子不懂得谦虚谨慎，主要有下面三种表现形式。了解这些情况及其发生的原因，我们就能采取有针对性的措施。

(1) 第一种是孩子不懂装懂，自己认为学到了知识。

骄傲自大不只是表现在学习成绩好的孩子身上，有些明明学习不理想的孩子也会发生这种情况。通常，他们不清楚自己是否真的掌握了知识的内涵，或者明明知道自己错了还不承认。无论是哪种情况，这种自大的毛病都不利于他们真正掌握知识，把学习搞好。

对此，父母要引导孩子说实话，学会反省自己。一个人说实话，首先要不欺骗自己，其次才是不欺骗他人。一个人不承认自己的不足，就是欺骗自己，就很难取得进步。孩子出于好胜心强、急于取得成绩，往往想用成绩证明自己，所以有时候不懂也要装懂、没掌握知识也会认为自己学会了。所以，让孩子做一个诚实的人，诚实地对待自己、对待他人，是最重要的。

(2) 第二种是孩子在学习上一知半解，夸夸其谈。

孩子学到了东西，但是理解的还不够深入、全面，他们喜欢和其他人谈论自己学到的这些东西，表现出很有学识的样子。如此一来，孩子不懂得脚踏实地地把学习搞好，只喜欢在人前卖弄，满足于一时的爽快。父母如果不注意帮助孩子克服这种毛病，他们就会成为游手好闲的人。学习来不得半点马虎，必须认真、踏实学好每一个知识点。更重要的是，孩子培养起认真做事的习惯，以后才能以同样的姿态做事，不断取得进步。

所以，父母要让孩子学会深入理解知识，学会深刻理解问题，不能满足于一时的表现欲。具体来说，父母可以让孩子尝试着独自完成一件事，当他们只注重形式，不能把事情做得圆满时，就要告诉他们做事必须掌握重点，不能只满足于一些表层、皮毛的东西。

(3) 第三种情况是孩子确实取得了成绩，但是他们停止了进取的决心，开始躺在成绩上睡大觉。这是我们最常见的骄傲自大形式。

孩子在学习上停下来，不再继续努力，是自满的典型表现。这种孩子往往缺乏对事物长远的考虑，只看到眼前的利益，喜欢用静止的观点看问题。对此，父母要让孩子意识到，成长是一个过程，必须始终跟随时代的脚步前进，学会在新的知识中发现更加广阔的天地。

8. 让孩子向接触到的每个人学习

读书分两种，一种是有字的书，也就是书本知识，另一本是无字之书，即在社会生活中学习潜藏的做人、做事道理。父母在督促孩子掌握好书本知识以外，还要引导孩子学会观察身边的人和事，学会与接触到的每个人打交道，从他们身上学习有价值的东西。

生活中，我们常常教育孩子学会尊重他人，因为“尊重”是“接受”的前提。对他人采取轻视的态度，就会目空一切，即使对方身上有可取之处，孩子也会视而不见，更不要说从中获得有价值的东西了。

《颜氏家训》告诫人们要向身边有德行、有学问的人学习，不管他们是农夫、商贾、工匠、僮仆、奴隶、渔民、屠夫，还是喂牛的、放羊的，只要发现对方身上存在着闪光点，对我们的成长和发展有好处，就要虚心请教，帮助自己成长和发展。这种见解是非常中肯、深刻的。

我们看到，有的孩子受到世俗观念的影响，不能以平等的心态对待身边的人；有的孩子根据个人喜好与人打交道，带有强烈的个人色彩；有的孩子不能顾及对方的感受，总是做出一些过分的举动……孩子不能以博大的胸怀容纳身边的人和事，就很难象大海一样成就自己的伟大，就不能把那些有价值的东西吸收过来，让自己更有智慧，更成功。

在这里，父母首先要引导孩子学会原谅别人的过错，欣赏别人的成功。海伦·凯勒说过：“容忍是沟通的第一原则，也因为有这种精神，才能保有所有人类思想的精华。”当孩子懂得以平和的心态与人打交道时，就能倾听别人的意见，而不是随意和他人发生各种冲突；并且，在虚心听取他人意见的基础上，能够获取有益的东西，真正让自己有所长进。

从另一个角度来看，个人生命是有限的，不可能事事亲身经历、体验，通过向身边的人学习，可以大大提高个人生命效率。显然，把他人的成功经验或失败教训作为参考，能够让孩子在成长的道路上少走弯路，早日获得成功。

生活中，有的孩子经常犯同样的错误，有的孩子则善于总结经验、非常懂事。一个重要原因就是，经常犯错的孩子不善于观察身边的人和事，很少对生活中的各种现象进行系统地思考，进而提升自己做事的效率和成功率；而那些懂事的孩子则善于利用每一次与人打交道的机会，把他人每一次的错误、失败，都当成自己宝贵的学习经验，并且在日后行动中加以借鉴。

不可否认，孩子缺乏大人那样的全局意识，并且在强大的学习压力下无暇观察生活、从身边的人和事中学习成长的智慧。但是，父母在家庭教育中要注意加入这方面的内容，引导孩子向接触到的每个人学习。只要孩子具备了这种意识，并且持之以恒行动下去，他们的成长岁月就会充满快乐、智慧，许多生活的疑问和烦恼也会消除，日后一定会成为同龄中的佼佼者。

(1) 告诫孩子懂得消除世俗观念的消极影响。

身边的人和事总有一些庸俗的、市侩的、甚至丑恶的东西，如果孩子缺乏抵制力，就有可能在不知不觉中被其同化，从而变成庸俗浅陋的人。因此，孩子在接触各种人的时候，父母要学会加以引导和告诫，让孩子学会独立思考，并善于发现其中积极的因素。

(2) 让孩子抓住每一次学习机会，并给予启发和引导。

向身边有实践经验的人学习，需要处处留心。父母要让孩子明白，一些人不断遭遇失败，是因为没有持之以恒地想办法规避失败；向身边的人学习，从身边的事中感悟，就能增长见识。当然，父母也要注意给予启发，让孩子学会总结经验和教训，引以为戒。

(3) 与孩子交流，让他们对接触到的人形成公允的认识和判断。

孩子接触到不同的人以后，家长要与孩子交流，让他们谈谈自己的看法。此时，家长既要允许孩子敞开心扉说出心里话，也要对他们的观点进行评判，并对孩子不合理的见解进行引导。

9. 注重培养孩子观察、思考的能力

知识的海洋无穷无尽，孩子在学习中要善于掌握要领，才能学有所得；显然，在学习上钻牛角尖不但会耗费孩子过多的精力，还会让他们失去把握知识全貌的机会。大千世界五彩缤纷，在有限的时间里掌握知识要领，是不断长进的前提。

父母都关心孩子的学习，包括他们上课听讲的情形。在开父母会，或者家访的时候，父母一般都会从老师那里了解孩子上课、作业、考试等各种情况。这里需要强调的是，听课占据着孩子大部分学习时间，是学习环节中的关键，因此要引导孩子会听课，避免在课堂上钻牛角尖。

比如，有的孩子喜欢把一个问题搞清楚再去学习下一个问题，在课堂上表现为：孩子遇到听不懂的问题，或者对老师讲的内容有新想法，就会陷入思考，而老师还在一个问题接一个问题地往下讲；于是，孩子中断了听课，去死抠某个问题，破坏了听讲的连续性和整体性。当孩子从“牛角尖”中醒悟过来的时候，恐怕老师早就讲解其他问题了，孩子搞不清眼前的状况，就会陷入被动，长此以往很容易落下重要的课程。

教育孩子学习的时候避免钻牛角尖，就是为了让孩子能够在短时间内掌握要领，真正学有所得，学以致用。孩子在听课的时候遇到不懂的问题就抓住不放，会打乱整个听课计划，会让听讲的效果大打折扣。

实际上，暂时不明白某个问题很正常，何况孩子还是个学生，是第

一次接触到新知识。因此，从提高学习效率、增强学习效果的角度来看，想要在课堂上有更大的收获，孩子必须善于抓要领，而不是钻牛角尖。其实，孩子可以把暂时不懂的问题记下来，留到课后去解决；还可以坚持做课堂笔记，时刻跟随老师的思路前进，即使遇到不懂的问题，也可以把它们清楚地标记下来，便于课后查阅、解答。更重要的是，通过做课堂笔记，孩子可以掌握老师讲课的要点、重点和难点，加上孩子做笔记时眼、耳、手、脑并用，就最大程度上增强了课堂上的学习效果。

做任何事情都有规律可循，孩子在学习中不仅能掌握知识，还能进行系统学习的训练。面对庞杂的知识，怎样才能最快地掌握要领，这在很大程度上考验着孩子对信息的理解、获取和吸收能力。孩子能够抓住学习要领，而不是钻牛角尖，就能在智力水平上提升自己，增强学习效果。

学习本身是一个接受信息、观察思考的过程，从制定合理的学习计划、积极主动预习、专心听课，到学会自己留作业、及时复习，每个环节都需要孩子把握关键、掌握大局，而不是在个别问题上耗费过多精力。在学习上，掌握要领是一个基本原则，而让孩子学会思考则是关键。

有一个广为人知的故事，即“金子”与“金手指”的故事。一个人要很多金子，终究会有花完的那一天，而有了“金手指”就可以点石成金，有源源不断的财富。同样的道理，孩子在学习上抓住要领，就是具备了“金手指”，能够在日后学习中不断快速获取新知识。

那么怎样才能让孩子抓住要领，而不是在一些问题上钻牛角尖呢？关键是注重培养孩子的观察、思考能力，增强自身学习能力。

首先，要让孩子跟随老师的节奏抓好学习，同时又让他们保持一定的独立性。在学习过程中，老师是个拐杖；当孩子掌握了基本的概念后，就要向灵活运用上转移，学会独立思考，摆脱对老师的长期依赖性。当孩子学会自主学习的时候，他们才能积极主动投入到学习中去，努力掌握知识要领，而不是在一些问题上钻牛角尖。

其次，要引导孩子在学习中多思考，多动笔，多总结。观察与思考能力的培养需要在总结中完成，经过一段学习，孩子要进行总结才能巩固成果，进而深入到知识的核心，对知识体系有一个整体的把握。同时，在总结过程中，孩子还能提高自己的分析能力、应用能力和思维能力，并进一步激发自己的学习热情，形成一种良性的互动。

再次，要帮助孩子掌握当前条件下获取信息的工具和手段。在目前的背景下，“学习”不仅是过去的“听听写写”了，也不是简单翻书本、看报纸。一个人如果不懂电脑的应用、不善于到因特网上查阅信息，就很难获取更多新知识，也就难以对未来趋势有总体的把握。因此，拘泥与书本知识，不能通过更广阔的渠道获取知识，也容易钻牛角尖。

10. 博览群书才能见多识广

学习知识，最重要的是广泛涉猎，在内容上丰富多样，忌讳孤陋寡闻、浅尝辄止。人们之所以喜欢和学识渊博的人交往，就是因为他们上知天文，下晓地理，能够给人多方面的精神享受。父母引导孩子读书的时候，也要注意让他们尽可能接触各个领域的书籍，开阔他们的视野，让他们成为见多识广的人。

孩子正处在求知欲强烈的时期，对周围的世界充满了好奇心。通过读书认识世界、获得经验，是每个孩子乐于接受的事情。带着孩子走进书店，可以发现，每个人都有自己中意的图书。但是，如同人不能偏食一样，孩子读书的时候必须进行多方面的选择，才能让自己的视野更开阔，真正做到见多识广。

那么，怎样才能让孩子博览群书，而不是只对某方面的书感兴趣呢？毫无疑问，父母要发挥引导的作用，发挥榜样的力量。

具体来说，要为孩子营造良好的家庭氛围。孩子在早期教育阶段，受环境的影响最大，许多行为的形成都是以潜移默化、耳濡目染的方式完成的。孩子阅读习惯的养成与家庭氛围分不开，因此父母要成为博览群书的人。很难想象，父母自身不爱看书，能培养出具有强烈阅读兴趣的孩子。

值得注意的是，现实生活中父母读书的情形并不普遍，有的父母因为工作忙没有时间读书，有的父母对读书没兴趣，有的父母没有读书的习惯，等等。读书，不仅能够提高孩子的阅读水平、提升孩子的知识素养，还能增强他们的逻辑思维能力，对个人成长特别重要。因此，父母为了孩子也要注意读一些书，准备各个门类的图书供孩子选择。比如，可以让孩子独自拥有一个小书房，并配有一个小书架，上面放些小书，为孩子翻阅书籍提供方便；或者在家里单独设立一个书房，让家人能够在这里学习各种知识。

如果孩子不喜欢读书怎么办呢？这就需要我们注意培养孩子读书的习惯。比如，可以借助听故事诱导孩子加入阅读活动。一般来说，孩子都喜欢“听”故事，父母可以给他们讲情节动人、有吸引力的故事，作为启发孩子自己进行课外阅读的手段。通常，孩子产生了浓厚兴趣后，就容易主动读书，掌握自己需要的东西。

显然，听故事是没有负担的，孩子的兴趣和好奇心被激发出来以后，就能从“听”到“看”，水到渠成地加入到读书活动中来。当然，对那些不喜欢读书的孩子来说，激发他们的读书兴趣也并不是立竿见影的事情，必须不断启发、诱导。在媒体多样化的今天，孩子一般对电视、网络更感兴趣，但是读书本身在知识含量、思维训练上的优势是不可替代的，父母要细心引导孩子爱读书、读好书。

和孩子一起逛书店，是培养孩子读书兴趣的一个好方法。让孩子自己挑选喜欢的图书，除了能让他们主动读书外，父母还能了解孩子的兴趣是什么、平时关注哪些东西！

但是，父母不能让孩子放任自流，还是要发挥监督和引导的作用，帮助孩子选择合适的图书。不可否认，孩子自制力差，往往喜欢买那些自己感兴趣的图书，比如喜欢看漫画书；或者缺乏眼光，在购买种类上失调，这都不利于引导孩子博览群书。

孩子只选择某类图书，阅读面过窄，会限制孩子的视野，不利于增长他们的见识。表现在生活中就是，孩子看问题的时候过于偏颇，只照顾到一些方面，不能照顾到全局；或者遇到问题的时候，只对某些方面熟悉，对一些问题会非常生疏。因此，父母要帮助孩子选择合适的图书，才能真正引导他们博览群书。

（1）要注意博采众长。

“博览群书”的目的是什么呢，主要是“博采众长”，让孩子吸收不同门类的知识，学习他人的长处为我所用。因此，“博览群书”最重要的特征就是阅读面广。孩子广泛阅读各个门类的图书，才能打下厚实的基础，为日后的学习做好准备，努力成为一个“通才”。

在求学阶段，孩子不应该偏重某一方面，尽可能掌握多学科、多门类的知识和方法，才能成为一个视野开阔、思维活跃的人，将来才能在情况多变的时候临危不惧。实际上，博采众长的重要意义还在于，未来社会是一个竞争激烈的环境，在知识专业化的基础上，复合性人才更受青睐。孩子只有早期博览群书，打下坚实的基础，日后才能举一反三，成为社会需要的新型人才。

（2）要注意孩子的兴趣和年龄层次。

读书是由兴趣引导的，“博览群书”不排斥孩子喜欢某一方面的图书。有的父母给孩子买了许多图书，但是孩子根本不喜欢看。其中一个重要原因是，父母只根据自己的兴趣和需要为孩子购买图书，没有考虑孩子的实际生活和心理需求。因此，父母要注意孩子的认知特点和兴趣爱好，为他们精心选择适宜的读物。

此外，注意到孩子的年龄差异也是不能忽视的。一般来说，小学低年级的孩子对童话故事比较感兴趣，而中高年级的孩子可能对战争题材的故事、人物传记或惊险神秘的科幻故事更感兴趣。父母注意到孩子在阅读上的年龄差异，并注意询问孩子喜欢哪方面的书籍，就能激发他们的阅读兴趣，取得满意的效果。

第五章

好妈妈的情商开发：再忙也要当好孩子的情绪教练

比“智商”更重要的是“情商”。心理学研究表明，处于积极情绪的孩子很少生病、心态乐观、享受亲密的家庭关系、学习事半功倍。如果你还在为了家庭教育问题发愁，不妨先让自己成为一名合格的情绪教练。

1. 情绪是孩子内心的朋友

对孩子来说，情绪是一个陌生而又深奥的东西，但在日常生活中又常伴左右。那些不良情绪就如同小树上应该被修剪的枝杈，拥有积极、健康的情绪才有利于成长。

家长作为心智成熟的人，要及时发现和纠正孩子的不良情绪。不过，他们常常忽略一个问题：情绪其实是孩子内心的朋友。如果没有充分理解孩子的情绪，或者孩子没有准确意识到自己的情绪，家长就贸然采取行动，往往会适得其反。

有一家儿童早期教育机构，致力于引导孩子准确表达自己的情绪，完善他们的心智及情商。在这里，每个孩子都能得到尊重，哪怕他们无端发脾气，而老师是孩子们永远值得信赖的伙伴。

艾米是这所学校的一个学生，喜欢哭闹。这一天，她又在大厅里哇哇喊叫，老师立刻赶过来，问道："亲爱的，发生了什么事？"

艾米一边哭一边说："我碰了一下露西。虽然给她道歉了，可是她不肯原谅我。我很难受，让我哭一会儿吧！"

老师试着安慰艾米："这的确是一件令人难过的事。不过没关系，她可能太生气了，等一会儿她就会原谅你。"

但是，老师的安慰丝毫不奏效，艾米仍旧流着眼泪。"好吧，让老师陪你待一会儿吧！"老师的请求又被艾米拒绝了，而这个可怜的孩子仍旧哭泣不止。

过了一会，艾米的哭声停止了。老师走过去，发现她早已把刚才的不愉快忘了，正在和其他小伙伴一起玩耍，看上去心情非常不错。

哭是一种表达情绪的方式，艾米非常难过，所以让她哭一会就能解决问题。孩子伤心的时候，可能并不需要任何人的陪伴，让他们单独体验一下情绪，过后就会恢复如常。

让孩子做情绪的主人，学会和自己的内心相处，家长不可乱帮忙。显然，帮助孩子学会照顾自己的情绪，比出手干预更有效。

当孩子生气、悲伤的时候，许多家长会极力否定这种情绪，妄想立刻把孩子从不良情绪中拉到现实世界。但是，这是不可能实现的。这时候，你只需告诉孩子说出内心的感受，并提醒他们下次遇到这种情形应该怎么办，就足够了。

情绪是孩子内心的朋友，放手让孩子学会与喜怒哀乐相处，对提升他们的心理承受力很有必要。对家长来说，让哭泣的孩子体验伤心，让高兴的孩子更高兴，才是做好孩子情绪管理的重要内容。也就是说，让孩子学会接受痛苦和快乐这两种情绪，而非不知所措。

在孩子的世界里，“情绪”这个抽象的概念不存在，他们只能从喜怒哀乐中感受心情的变化，并寻找发泄不良情绪的通道。

引导孩子与情绪做好朋友，是家长的重要职责。相信孩子处理情绪的能力，也是一种关爱。一方面，要引导孩子学会控制自己的情绪，另一方面要给予孩子足够的空间，不去干预他们的任何情绪，学会与特定的情绪相处。

做好孩子的情绪教练，家长要善于引导，更要学会放手。教会孩子如何与情绪相处比安慰更重要，因此聪明的家长不会阻碍孩子对情绪的认知与处理。

2. 多动症缘于情绪固化或混乱

容易发怒、性格孤僻、无法静心……这些都是多动症的表现，孩子出现这种状况往往暴露出了潜在的情绪问题。如果不能提早发现这种症状，并引导孩子控制情绪，会影响他们日后的身心健康。

“多动症”的专业名称是“注意缺陷障碍”，特发于儿童学前时期，活动量多是最基本的症状。患有多动症的孩子注意力不集中，参与事件的能力差，与特定的外部环境有密切关系，尤其是家庭环境。

比如，家庭经济困难、内部成员不和睦、教养方式不当等，都会对孩子的心理健康产生不良影响，造成情绪的固化或者混乱，使孩子丧失与生俱来的情绪自我调节能力。

苏珊是一家公司的普通职员，家庭生活还不错，有一个 5 岁的儿子杰克。不过，最近一段时间，她变得焦虑起来，因为杰克患有轻微的多动症。

原来，苏珊管教孩子的方式简单粗暴，因为一件小事就大声斥责，结果杰克遇到困难或委屈时不敢表达出来，总是把真实的想法隐藏在内心深处。

其实，杰克是一个心思细腻的孩子，对任何事情都有较高的期待；然而，苏珊个性耿直，不拘小节。每次给儿子讲睡前故事的时候，苏珊总是不自觉地跳过某一段文字，结果被杰克觉察到了，并要求重读。这时候，苏珊就会很生气，甚至叫喊起来。

看过心理医生后，苏珊才知道自己的教育方式存在问题，导致杰克的情绪一片混乱。由于各种不良情绪得不到排解，杰克长期被反复叠加的复杂情绪困扰，结果丧失了自我调节情绪的能力，发展为多动症。

医生建议苏珊，教育孩子时首先要调整好自己的情绪，并且多一些耐心和关爱。经过一段调整和努力，杰克的病情有所减轻，慢慢恢复了活泼的性格，而且母子关系越来越融洽，家庭氛围也越来越和谐。

根据多动症的成因来看，家长要结合自身和周边环境帮助孩子调节情绪，减少他们内心情绪固化或者混乱的现象。

儿童心理研究者认为，孩子更需要被倾听。对家长来说，站在孩子的角度倾听他们的烦恼，想象和感知他们的心情，是亲子沟通的关键。为此，家长应该引导孩子平静地说出内心的真实想法，这样有助于帮助其梳理个人情绪。

在孩子准确表达情绪的基础上，家长要明白他们的需求，并据此采用合理的方式帮助孩子调节情绪，引导他们成为乐观、积极的人。

孩子有自己的情绪世界，家长不应该用好恶影响孩子，遇到问题时多思考自己的教育方式是否妥当，而不是一味地责怪孩子。懂得尊重孩子、理解孩子的父母，更容易赢得信任，而不是让人畏惧。

多动症不是可怕的疾病，家长要认清导致这种情况的缘由是什么，并加以调整。少一些责怪，多一些引导；少一些训斥，多一些耐心，才能成为孩子的知心朋友。

3. 全力救赎孩子的任性情绪

任性是每个孩子或多或少都存在的通病，我们可以称之为孩子的天性。然而，过分任性并不值得提倡，家长有责任帮助孩子调节这种不良情绪。

从心理学角度分析，孩子过分任性是一种低情商的表现，主要体现了其自制力薄弱、个性偏执等特点。此外，对自我失去控制，完全由着自己的性子来，孩子也会给人留下缺乏教养的印象。

研究显示，家庭教育是孩子产生任性情绪的主要原因。一方面，家长及其他长辈对孩子过分溺爱，容易导致孩子我行我素，只考虑个人感受；另一方面，家庭教育简单粗暴，也容易导致孩子滋生叛逆心理，言行上缺乏责任感。

露西生活在一个富裕的家庭，因为是独生女，爸爸妈妈对她非常宠爱。平时，只要是用钱能解决的，露西需要的，他们都会尽量满足。时间长了，露西身上流露出娇惯任性的不良倾向。

周一早晨，爸爸急着上班，可是露西一直都在玩橡皮泥，还一直询问自己捏的小兔子像不像。最后，爸爸失去了耐心，训斥了露西，她才闷闷不乐地去上学。

到了学校，老师看到露西不开心，经过一番询问才知道是怎么回事。于是，老师连忙开导露西："宝贝，早晨爸爸着急上班，如果迟到了，要接受惩罚。等爸爸下班了，再陪你捏橡皮泥吧!”露西似懂非懂地点点头。

下午放学后，爸爸来接露西。老师把今天的情况如实说了一遍，提醒爸爸注意孩子任性的情绪，沟通中一定要学会积极引导，不可过分纵容孩子。

在以后的日子里，爸爸注意培养孩子独立生活的能力，对露西的要求不再有求必应，让她明白有些事情不会轻易实现，总会有一些遗憾。渐渐地，露西变得通情达理了，也开始理解爸爸妈妈，能够静下来好好沟通。在爸爸妈妈眼里，露西成了一个懂事的孩子。

孩子的心智尚未成熟，对许多事情缺乏是非判断能力和理解能力，如果家长不进行有效引导，孩子极易变得任性。完全按照自己的喜好做事，不考虑他人的感受，这对孩子的成长没有任何益处。一个任性、自私的人能有什么作为呢?

让孩子明事理，是家庭教育的重要内容。家长必须全力引导孩子理解这个世界，哪些事能做，哪些事不能做，形成正确的逻辑思维能力与判断能力。当然，在调试孩子的任性情绪时，家长要注意方法，根据时间、地点、情境的不同采用不同的策略。

一旦孩子任性而为，家长要分析背后的根源是什么。许多时候，孩子任性不一定是由内而外，可能纠结于某件事或某个物品。只有认清原因，并从中疏导，才能及时帮助孩子摆脱任性情绪，回归正常的生活。

每个孩子都是一个美丽的天使，他们的内心是纯洁而又美好的。在保持孩子童真的基础上，耐心引导他们遵守规则，成为一个有教养的人，是所有家长的重要职责。引导孩子排解任性情绪，能有效避免他们日后成为叛逆的人，这种用心良苦是一种大爱。

当然，孩子任性也有其积极的一面。适当的任性代表着孩子的某种个性，有助于培养孩子的主动性和创造性。这需要家长在当好情绪教练的时候把握好度。

任性不是孩子人格的表现，往往事出有因，家长不要如临大敌。只要耐心引导，发现孩子有哪些迈不过去的坎，就能帮助他们摆脱眼前的困境，重回快乐幸福的时光。

在家庭教育中，妈妈要有大局意识，与孩子发生冲突时懂得克制，避免双方发生激烈对抗，引发孩子强烈的叛逆情绪。否则，就与最初的预想背道而驰了。作为孩子最亲近的人，妈妈在平时要注意观察孩子的言行，了解他们的心理特征，并找到与之融洽相处的最佳方法和沟通方式，从而在亲子交流、家庭教育问题上游刃有余。

4. 你的孩子有同情心吗

孩子在成长过程中，不仅需要家人的帮助，还需要朋友的关怀。特别是当他们步入社会以后，更需要朋友的支持，才能在人生道路上走得更好。因此，从小帮助孩子交朋友，引导他们和真诚、热情的人发展友谊，让他们学会帮助朋友，是父母朋友的重要责任。

此外，让孩子学会交朋友，其实也就避免了他们与一些非法团伙和不良分子往来，这对孩子一生的成长也是至关重要的。当孩子学会区分哪些是真朋友，哪些是假朋友的时候，他们也就明白了什么时候应该伸出援助之手，什么时候应该远离哥们儿义气。

一个人的成长离不开朋友，孩子从小与朋友一起学习、玩耍，对促进他们的身心健康是非常重要的。研究表明，孩子从小一个人独处，缺乏同龄的朋友，心理素质会受到不良影响，长大以后与人打交道的能力也会大打折扣。所以，父母有责任帮助孩子结交更多朋友。

朋友之间，不仅有共同的话题、享受在一起的快乐，还有一方遭遇困难时，另一方给予无私的援助。假如大家高兴的时候玩得非常开心，出现困难的时候就分道扬镳，那么这样的友谊是很难长久的。因此，父母要让孩子懂得：交朋友的原则之一是帮助对方。其实，更深层的意义在于，今天我们帮助了对方，以后我们遇到困难时才能得到对方的帮助，而不至于让自己成为孤家寡人。

当然，让孩子学会帮助他人，并不是出于功利目的，而是发自内心的一种愿望。对父母来说，最重要的就是培养孩子的同情心。孩子对身边的人和事富有爱心和同情心，自然就会在力所能及的时候伸出援助之手，并把提供帮助做为自己的一种责任。

生活中，一些孩子不合群、不喜欢交朋友，这与他们内心世界缺乏友爱精神有很大关系。此外，有的孩子喜欢虐杀小动物，或者欺侮弱小的人，则是一种充满攻击性的残忍行为，是缺乏同情心的表现。

其实，每个人都有动物性的一面，对外攻击也是人的本能反应。但是，人还有社会性的一面，必须遵守法律、道德规范的制约。孩子在成长的过程中，需要接受社会规范、依靠道德约束克制自己的攻击本能，培养同情心和爱心，才能学会与他人相处，发展友谊。

父母一旦发现孩子表现出某种残忍行为，大可不必惊慌，也不要对他们加以斥责。一般来说，孩子年纪小的时候心理认知水平很低，道德观念也比较薄弱，所以父母应该对孩子加强善良情感方面的教育，培养孩子的爱心和同情心，从而压抑他们本能的攻击性。

有些孩子之所以很难与人相处，并且容易和对方发生矛盾，是因为他们对陌生的人和事充满芥蒂或敌意。对这种情况，父母要经常带孩子到朋友家、社区周围转转，让他和陌生人说话；在周末的时候，带孩子到动物园、自然博物馆去参观动物，或者到大自然中接触各种动植物，使孩子懂得动物是人类的朋友。这样一来，孩子就能开阔心胸，打开心扉与周围的人和事接触，在充满爱心的同时拥有一颗同情心。

有了这个基础，孩子才能大方地与小朋友打交道，在相互了解的基础上建立良好关系、发展友谊。而当朋友遇到困难的时候，则会伸出援助之手，给予对方必要的帮助；日后自己遇到挫折的时候，也会得到别人的大力支持。

5. 帮孩子克制不良的情绪和欲望

学无止境，人类的竞争和奋斗也没有停止的那一刻。然而人们在社会生活中的心理承受能力是有限的，所以要善于控制自己的欲望，不能被外界的种种诱惑迷失了自我。

父母在激发孩子探索世界的同时，也要让他们懂得保持克制，学会约束自己。比如，走进大自然，不能破坏环境；与更多的人交往，但不能对原来的朋友背信弃义等等。

帮助孩子学会克制自己过分的欲望，学会排解内心的不良情绪，是让他们早日走上成功的关键。孩子不懂得克制自己的非分之想，我行我素，很难把事情办好。

一位年轻的妈妈带着 5 岁的儿子学溜冰。在旱冰场里，前来溜冰的孩子很多，儿子被其他孩子优美的溜冰动作吸引住了，羡慕不已。只见这些孩子能够随心所欲地转向，偶尔还要做几个漂亮的动作，儿子看得跃跃欲试，就跟着学起来。结果，儿子每次想做一个稍微复杂的动作时，都会摔倒在地。

妈妈看到这种情形，急忙走过去："孩子，慢慢来，妈妈教你。"但是，儿子太想立刻学会了，最后恼羞成怒，干脆坐在地上，把旱冰鞋脱下来扔到一边，嚎啕大哭。孩子的心情是可以理解的，但是做任何事情都有一个过程，需要循序渐进完成。因为不能立刻学会滑旱冰就撒泼要赖，孩子长此以往，不懂得克制自己的非分之想，会丧失前进的机会，甚至与人发生冲突，在成长的道路上遇挫。

实际上，孩子在生活中经常会遇到麻烦和不顺心的事情。问题是，父母要让孩子认识到，当他将要失去控制时，需要自我镇静一下，找出真正让自己苦恼的原因所在，然后采取适当的行动。帮助孩子掌握控制情绪的方法，才能让孩子学会理性思考，真正走向成熟，不断进步。

一般来说，孩子年龄不同，产生不良情绪后的反应也是不一样的。父母要根据孩子的年龄特点，对他们进行安抚教育，帮助其摆脱不良心理状态。

（1）婴儿阶段的孩子。

一般来说，婴儿的身体需求不能得到立即满足时，往往会发怒，表现为又哭又闹。当小孩子过度劳累、饿了、渴了，或者受到伤害、惊吓，乃至遭遇挫折的时候，由于缺乏足够的表达能力，他们会哭喊、尖叫、打闹。

遇到这种情形，父母可以拥抱孩子，让他们慢慢平静下来；或者心平气和地安慰孩子，给孩子消消气，让他们渐渐安静下来；或者让孩子参加其他活动，观察其他事物，来分散他们的注意力，让他们把原来不良的情绪抛之脑后。

（2）3—4 岁左右的孩子。

3—4 岁左右的孩子往往争强好胜，特别是看到别的孩子有什么好东西时，自己就想要过来，一旦被对方断然拒绝，就会发怒，或者悲伤不已。此外，当孩子感到饥饿、疲惫、恐吓时，也容易产生这种不良情绪。

遇到这种情形，父母应当“积极倾听”孩子的想法，了解孩子的内心需要。比如，父母可以说：“你刚才一定遇到什么不开心的事情了吧，快告诉我吧，让我帮你想办法。”这样一来，父母不但能了解到孩子真实的想法，帮助他们找到应对之策，还能让孩子感受到父母的同情和关爱。

（3）6 到 10 岁的孩子。

这个年龄阶段的孩子希望能够被同龄人接受，所以非常在乎他人对自己的看法。如果他们感觉自己被排挤到一个群体之外，往往会产生激烈反应，甚至做出过激行为。为什么会出现这种情形呢，因为他们很在意自己充满自信、能力不凡的标签，在和他人发生的每一次争吵或每一场冲突中，他们都告诫自己只能赢、不能输。所以，这些孩子最容易和人发生冲突。

这时候，父母要注意消除孩子的非理性情绪，让他们懂得控制自己的情绪，做出正确的选择。无论遇到什么情形，失去理智、动手殴打或恶语相向都是不可取的。此外，父母要引导孩子掌握非暴力的身体活动，用来消除紧张情绪、化解心头的怨恨。比如，到篮球场上练习投篮，到足球场上练习射门，到空旷的草地上玩飞盘。给孩子找到一个出口，是帮助他们消除不良情绪的好方法。

6. 亲情，给孩子爱的教育

“兄弟如手足”，重视亲情是中华民族的传统习惯。兄弟姐妹之情是与生俱来的，一个人遇到困难的时候，得到哥哥、妹妹的帮助很容易度过难关。父母要引导孩子之间相互帮助，共同成长进步，这不仅能创造良好的家庭气氛，还可以帮助孩子学会如何与人打交道。

目前，我国大多数家庭都是一个孩子，但是帮助孩子与伙伴、同学建立兄弟般的情感，也是很有必要的。而对那些重新组合的家庭来说，如何让同父异母、同母异父或没有血缘关系的孩子融洽相处，则是摆在父母面前的一个现实课题。

人在本质上是各种社会关系的总和。一个家庭，就是一个小社会。在这个小天地里，存在着长辈与晚辈、同辈之间等各种关系。孩子在家里要学会与不同的人相处，将来才能到社会上和各种人打交道。

“打仗亲兄弟，上阵父子兵”，这句俗语道出了兄弟姐妹之间的亲密关系，也给父母引导孩子与兄弟姐妹相处提供了一个独特的视角。

首先，孩子成长需要伙伴，兄弟或姐妹无疑是孩子成长的最佳搭档。教育学研究表明，孩子成长需要“同伴”这一角色，那些有兄弟或姐妹的孩子往往比独生子女在心理、个性等方面更出色。

其次，学会与“同伴”相处，孩子才能掌握与人打交道的基本技巧。显然，哥哥、姐姐要谦让弟弟、妹妹，弟弟、妹妹要尊敬哥哥、姐姐，这里面就包含着人与人相处的大学问。经验表明，那些有兄弟姐妹的孩子比独生子女常常更懂得谦让、克制自己，这是因为他们更早学会了如何与同伴打交道。

再次，孩子具备了浓厚的亲情，往往会更有爱心，这不但对他们的成长会发挥积极作用，而且更容易给予他人必要的帮助，也容易接受来自他人的支持。一个不孤独的人，一个有爱心的人，会在成长的道路上走得更好。

由此可见，孩子从小学会与最亲密的同伴交流、沟通，并建立相互帮助的情感，对他们一生的成长与发展是至关重要的。培养孩子之间的亲情，是父母分内的事情。在这里，父母要掌握让孩子融洽相处的基本方法。

生活中，有的孩子经常抢其他小朋友的玩具，甚至发生争吵、肢体冲突。面对这种情形，一些父母袒护自己的孩子，殊不知这样做只顾及了自己的面子、孩子的争强好胜，却没有教给孩子解决冲突、与人建立良好关系的技巧。假如孩子长大以后只看重自己的利益，而不顾及他人的感受，很难获得外界的支持和帮助、实现成功的发展目标。

从某种意义上说，一个人办事能力的大小，取决于他交朋友的水平，也就是他能不能与人建立兄弟般的友谊与合作关系。而这种能力的培养必须从小开始，从孩子与兄弟姐妹相处那一天开始。

父母离异，会对孩子的心灵带来难以估量的消极影响。而当父母再婚，重新组织家庭以后，孩子面对陌生的家庭成员，又会产生心理距离。这时候，孩子通常会对“新成员”敬而远之，对陌生的兄弟（姐妹）有很大的芥蒂。

为了让家庭成员和睦相处，为了让孩子与家庭新成员建立互信、互爱的关系，父母要主动拉近孩子们之间的距离，在他们之间架设起沟通的桥梁，共同感受到家庭的温暖与和睦。

有一个新组织的家庭，父母两人都因为工作关系在外出差，只请了一个保姆照顾两个孩子的饮食起居。有一个周末，哥哥和弟弟为了一个玩具争执起来。哥哥说："这个玩具是我的，你不能玩！"弟弟毫不示弱："那是我爸爸给你买的，那是我爸爸的钱买的！"最后，两个人动起手来。

起初保姆并没有在意，直到哥哥用扫把将弟弟打得头破血流时，她才意识到问题的严重性，立刻把孩子送到了医院。结果，这一对兄弟在幼小的心灵里埋下了怨恨，直到长大成人都对彼此保存着很深的偏见，更不要说对家庭产生好感、给予对方照顾了。

从中不难发现，重新组合的家庭更要培养孩子的亲情，帮助孩子友好相处。需要指出的是，父亲或母亲在处理孩子之间的矛盾时，不仅要坚持公平、公正的原则，有时还需要把天平偏向非亲生孩子的那一方，因为这样做更容易获得对方的信任，从而建立亲密的关系。

在现代社会生活中，人们追求生活满意度的自由大大增加，离婚现象比较普遍。作为父母，除了要享受个人情感生活与自由外，还需要给孩子更多关爱。这种关爱不仅是物质上的，更包括精神上的照顾，以及对非亲兄弟（姐妹）关系的引导、塑造。只有真正让孩子感受到新家庭的温暖，让孩子获得心灵的回归，父母才能称得上称职，才能与孩子一起成长，分享生活的美好与甜蜜。

7. 学会分享情绪，才能亲近孩子

孩子遇到麻烦或不开心的事，都会有自己的小情绪。这时候，他们尤其需要家人的理解和陪伴，能够分享内心的感受，进而得到帮助。比如，在学校得到表扬，孩子希望家长分享这种快乐；受到委屈的时候，他们渴望得到安慰。

善于分享孩子的情绪体验，家长才能亲近他们，成为他们心目中值得信赖的人。然而，习惯以命令式的口吻教育孩子，甚至千方百计控制孩子，正在成为许多家长的教子之道，这不能不说是一种遗憾。

显然，家长习惯用自己的经验、阅历替代对孩子情绪的了解、分析和判断，结果他们总是得出错误的结论，与孩子的矛盾也与日俱增。忽略孩子的内心感受，这是亲子之间产生抵触情绪、关系疏远的重要原因。时间长了，必将严重影响孩子的心理健康。

卡尔有一个富有的爸爸，能享受到最好的物质生活，似乎一切要求都能得到满足。不过，爸爸给卡尔安排了各种各样的课程，从不征询孩子的意见和感受，显得有些霸道。

这一天，卡尔上完补习班回到家里，一言不发地回到自己的房间。妈妈喊他出来吃饭，竟然得不到回声。一连好几天，卡尔都是这个样子，爸爸和妈妈不知道孩子为什么变得沉默寡言，不禁担忧起来。

过了几天，爸爸接到补习班老师的电话，说孩子已经好久没来上课了。到了晚上，卡尔按时回到家，爸爸走过来严厉地责问为什么不去上补习班。卡尔毫不在乎，只是说自己厌恶学习。随后，爸爸对卡尔大声斥责。

没想到，到了第二天傍晚，卡尔始终没有回家。后来，爸爸到卡尔的房间查看有什么异常，在抽屉里找到了一封信。大致内容是，卡尔从来得不到爸爸的问候，只给物质上的满足，内心感觉很压抑，学习压力无人倾诉。

至此，爸爸幡然悔悟，对自己过去的做法非常懊恼。后来，在老师和同学的帮助下，卡尔回到了家里。在以后的日子里，爸爸和妈妈非常注重与卡尔进行情感交流，再忙也会抽出时间说心里话。爸爸学会了站在孩子的立场考虑问题，学会了分享孩子的情绪，一家人变得和睦融洽。

心智尚未成熟之前，孩子缺乏情绪掌控能力，此时家长尤其需要经常与孩子交流，了解他们的感受，以及遇到的麻烦和困难。学会与孩子分享情绪，帮助他们走出困境，不仅是孩子健康成长的需要，也是密切亲子关系的重要方式。

对家长来说，不必恐惧孩子陷入不良情绪中，那不是什么严重的问题；重要的是，你时刻掌握孩子的情绪变化与心理需求，能够及时帮助他们摆脱不良情绪的困扰。当孩子需要帮助的时候，如果家长没有及时给予援手，不仅会损害孩子的心智，也会让他们感觉你不称职。

首先，多站在孩子的立场考虑问题，无论遇到任何问题都加强沟通。其实，沟通就是分享的过程，你与孩子保持平等的身份，自然容易赢得对方信任。家长端着架子训诫孩子，最容易让他们产生抵触情绪。如果无法亲近，你又怎么能够相信孩子会说出真心话呢？

其次，在沟通与观察的基础上，说出孩子内心的感受与需求，更容易令其感同身受，得到理解和温暖。家长与孩子平等交流，准确说出孩子的心理诉求，会让他们对你产生信任感、依赖感。有了这个基础，他们自然会主动与你分享内心的情绪体验。

总之，家长要牢记一点，不要与孩子的情绪为敌。他们的情绪来得快，也去得快，学会理解和包容孩子的情绪，才能在分享中找到应对之策，帮助孩子解决成长道路上的难题。

孩子悲伤时，家长的陪伴让他们感受到温暖；孩子快乐时，家长的理解让他们快乐加倍。学会分享孩子的情绪，才能更好地亲近孩子，彼此成为无话不说的好朋友。

8. 告诉孩子勿以善小而不为

每个人总有点私心，无论是大人还是孩子。问题是，凡事过犹不及，一个人私欲太重终究不是什么好事。引导孩子关爱他人、培养一颗仁慈的心，需要遵循“勿以善小而不为，勿以恶小而为之”的智慧。

不因为事情小就不做好事，不因为事情小就放纵自己的私心，懂得在生活中随时克制私欲，学会关爱他人，才能修炼仁爱的心性、培养无私的品质。教育孩子戒除自私的心理，父母也要引导孩子从点滴之间做起。

其实，每天的生活都是由一件件小事、琐事“编织”的。而人们常常有这样一种心理，遇到那些无关紧要的小事就放松对自己的要求、降低标准，于是我们就在这种放任自流中“堕落”了，原来用心培养起来的好习惯、好品质也会被磨损掉。对孩子来说，自制力本来就差，所以更需要在每件小事上严格要求自己，真正做到“勿以善小而不为”。

王东是小学五年级的学生了，让我们看看他的一天是怎么度过的吧。清晨吃过早饭后，他把筷子一撂，背起书包就去上学了，根本不知道收拾一下碗筷；过马路时，碰到一个老奶奶拎着东西走过来，他像没看见一样冲过去了，不懂得搀扶一把；放学回来的路上，从书包里拿出一根香蕉吃完，随手就扔到了路边，根本不考虑会影响到他人；到了车站，推开别人挤上公共汽车，还和准备落座的老人抢个座位……

了解王东的人都知道，他经常向别人谈起自己的抱负，将来要成为一个大公无私的人，为社会做出巨大贡献。但是，我们从王东日常生活中的小事可以发现，他缺乏爱心，甚至有点自私。这不是很矛盾吗？的确很矛盾，许多人想的和做的不一致，是因为他们不屑于在一些小事上实践自己的理想和抱负，结果美好的想法只是空中楼阁，不能使自己在品德修养上得到完善。孩子自制能力差、好高骛远，容易在生活中迷失自我，变得自私自利。

在这里，父母应该引导孩子从日常生活中的一点一滴做起，时时、事事、处处修炼自己仁爱的心，克制私欲。对王东来说，父母可以引导他刷碗，这样才能体会到母亲的辛劳；父母应该引导他帮助老人过马路，因为不懂得关爱他人是一种自私行为；父母要让他懂得不乱扔果皮，学会为大家维持优良的环境……

克制私欲，有一颗仁爱之心，其实是人们内心品德的修炼。它并不像考试成绩那样显而易见，却可以从身边的一些小事中看出来。伟大是平凡的升华，成就是点滴的积累，父母注意在生活中的小事上塑造孩子无私的品格，才能让他们将来具备承担大事的品质；孩子只有在小事上克制私欲，才能迸发出为伟大事业奋斗的热情和力量，才能有无穷无尽的创造力，日后获取伟大的成功。

最后需要提醒父母，家庭教育是孩子建立爱心、懂得关爱的基石，父母有责任对孩子进行爱的教育，引导他们爱家人、爱同学、爱生活、爱劳动，远离自私；并且，孩子应该从每一件小事做起，发展与周围环境的良好关系，学会给他人带来快乐和幸福。

(1) 让孩子在家庭生活中扮演适当的角色，既要享受权利，也要承担义务。比如，父母要让孩子参加力所能及的家务劳动，拒绝好吃懒做，让他们体会到有付出才有收获。这样一来，孩子才能学会承担责任，懂得关爱他人。父母必须意识到，对孩子过度关心、照顾和迁就，会让他们强化自我意识，形成以自我为中心的心理定势，从而养成自私自利的思维定势。

(2) 父母要针对具体事情解决孩子“自私”的问题。比如，孩子气量小，这时父母就不能简单要求孩子“气量大些”，有效的做法是给孩子树立榜样；而当孩子不愿意和别人分享自己的玩具时，父母就要消除孩子的担心，让他们意识到玩具不会被损坏。

(3) 父母要让孩子多参加集体活动，在同学中和邻里之间结交朋友。现在的孩子普遍没有兄弟姐妹，邻里之间交往也很少，他们整天独自学习、玩耍，很容易在孤独的环境形成“自我中心”的意识，养成自私自利的性格。其实，孩子是需要友情和伙伴的，友谊的缺乏使他们不能体验到人与人之间互相关心、帮助的温情，孩子自然很少考虑到他人。

9. 培养孩子的职业意识和素养

未来社会是一个充满竞争的环境，专业化、职业化是发展方向，所以要培养孩子朝一个职业方向努力的意识，培养孩子的职业素养是很重要的——这是做事专一的一种延伸。

父母和孩子聊天时，经常问他们长大以后的理想是什么。无论孩子的理想多么遥远、多么伟大，理想都应该是具体的，是通过从事一定职业来实现的。把孩子培养成才，从某种意义上说，就是让他们专心从事某一方面的工作、具备某一方面的专才，在职业上朝着专业化的方向努力。

因此，当孩子表现出音乐上的天赋，并想在音乐方面有所发展时，父母就应该从小培养孩子这方面的专长；当孩子对技术发明充满兴趣，并且喜欢摆弄一些家用电器，喜欢进行科学实验时，父母就应该带领孩子多到科学馆参观……总之，引导孩子培养职业意识，确立某方面的职业素养，对他们一生的成长和发展都是非常有利的。

德国青年拜尔是一个兴趣广泛的年轻人，他喜欢听古典音乐和摇滚乐，还经常到法国、奥地利、瑞士等国家旅游，周末的时候则约上几个好朋友去登山或滑雪……但是，当拜尔回到公司以后，就全身心地投入到工作中去，既兢兢业业，又业务熟练。

其实，这是未来社会一种普遍的工作和生活方式。一方面，人们在工作中表现出热情和高效率，另一方面又惬意地享受生活。显然，这是个人职业化、专业化发展的结果。

目前，我国大学毕业生存在一种怪现象——“毕业即失业”。不可否认，其中的原因是多方面的，比如就业人数多、就业环境不畅、竞争压力大等。但是，职业化教育缺失，孩子缺乏职业素养，也是不容忽视的原因。而这种教育要从小进行，伴随孩子成长的整个过程。

德国的马克斯—普朗克教育科学研究所，是全德国最重要的教育研究机构之一。它的工作重点是：研究儿童入学前在家庭中的社会活动，进而从不同角度研究教育、劳动、经济之间的关系，特别是研究职业教育问题。

在教育孩子方面，有一个通俗的说法是“从小看大”，意思是从孩子小时候的表现，就能预见到孩子未来的表现，可能从事的职业。所以，父母要注重在家庭教育中引导孩子朝某一职业发展方向努力，为他们早日成功奠定基础。

有人统计过，在教育发达的德国，15—18 岁的青少年有 60%以上接受过高素质的职业训练，政府为此制订了《职业教育法》、《青少年劳动保护法》等。随着社会分工变得越来越精细，众多职业对劳动者的专业素质的要求也越来越高。所以，从任何一个方面来看，父母都应该在家庭教育中培养孩子的职业道德、提升孩子的职业素养，真正做到未雨绸缪。

在家庭教育中，在兴趣的基础上培养孩子的职业意识和职业素养，能够入人心，被孩子广为接受和欢迎。更重要的意义在于，它不仅仅让孩子早日确立一种安身立命的技能，还可以让孩子早日发现个人潜能，并达到完善自我的目的。

(1) 父母要注意锻炼孩子永不放弃的精神，遭遇困境时学会想方设法寻找解决问题的途径。孩子做事不专一，往往不能面对眼前的困难和挑战，所以父母要让孩子具备永不放弃的精神，遇到困难的时候则要帮助他们解决问题，引导他们在做事的过程中逐步走向成功，避免半途夭折。更重要的是，孩子长大后才能在工作中专心致志，把自己的专长发挥到极致，完成卓越目标，而不是“小事不想干，大事干不来”。

(2) 父母要了解孩子，帮助他们挖掘自身的潜能，确立自己的理想目标。在这里，父母要努力为孩子提供良好的教育，避免为了学习而学习。事实表明，真正的教育是因材施教，孩子在专长的基础上努力奋斗，才能真正学有所成，实现专业化发展目标。

10. 善于发现身边每个人的优点

孩子的学习和成长是一个不断纠错、相互切磋的过程，这需要他们善于循着身旁的阶梯前进，而不能好高骛远、舍近求远。

比如，居里夫人曾经和丈夫合作，发现了放射性元素钋与镭，从而获得了诺贝尔奖金；接着，她在化学方面又成功提取镭，再次获得诺贝尔奖金。女儿、女婿正是受到居里夫人的熏陶和影响，努力向她学习，才走上同样的道路，因为综合新的放射性元素而第三次获得诺贝尔奖金。

在成长的过程中，孩子应该把眼光投放到身边的人和事上来，从距离自己最近的人和事上学习成功的经验、借鉴失败的教训，获得真实、感性的体验。生活中，许多孩子抱有不切实际的幻想，轻视身边的人和事，甚至不能和身边的人搞好关系；结果，当自己遇到困难的时候，就不会有人伸出友谊之手，更不要说向对方求教问题了。

经验表明，向身边的人学习，和距离自己最近的人做朋友，能够给孩子提供无数成长的好机会，获得最新鲜的生活经验。就像每幢大楼里都有阶梯一样，每个人的身旁都会有有利于你成长的因素，有的人得益于家庭，有的人得益于学校，有的人得益于名师，有的人得益于社会。无论哪种机会，无论对方年龄、地位如何，孩子都应该和身边这些人成为朋友，试着攀援而上，让自己不断进步。

父母要让孩子向身边的人学习，懂得随时注意学习他人的长处，随时以他人的缺点引以为戒。这样一来，孩子不但能从他人那里学到可贵的知识、技能，还能更好地与人相处，达到与人为善的目的，促进人际关系和谐。

对孩子来说，"身边的人"不局限于具体的人，实际上包含了孩子可以利用的各种成长与进步机会。比如，如果孩子所在的学校有一些传统项目，那么父母就可以让孩子从中寻找提升自我的机会。许多学校被命名为科技特色学校、体育传统项目学校等荣誉称号，是因为它们拥有开展课外活动的良好师资、设备与传统，是培养特色人才的摇篮。其实，这就是孩子现在可以利用的好机会，而不应该去奢求一些不切实际的东西。

一位大学生毕业后，进入一企业从事销售工作。在短短三年的时间里，他从一名普通销售员升任为销售部门的负责人。

与人打交道并不是一件容易的事情，这位年轻人之所以能够取得出色的成绩，是因为他善于观察对方，善于发现每个人的优点，从而融洽地与对方相处；同时，通过发现对方身上的优点，他还学习到了对方的长处，大大提升了自己的知识水平和人际交往能力。

从中可以发现，在与人相处的过程中，观察对方的优点，并采取恰当的方式与对方相处，就能使自己取得成长和进步，能够迈向成功。在这里，观察能力是非常重要的，父母应该教育孩子学会观察、正确观察、有效观察。

在教育研究中，孩子的观察能力是智力的重要组成部分。有一个通俗的比喻，"观察是聪明的眼睛"。的确，没有敏锐的观察力，就谈不上聪明；聪明的孩子，一定是善于观察世界的。有时候，父母花费各种心思教孩子掌握各种技能和知识，结果效果非常小。其中一个重要原因就是，没有让孩子掌握观察的技巧，提升他们的观察能力。所以，想要让孩子从身边的人那里学到有价值的东西，首先要让他们学会"观察"。

根据孩子的年龄段，父母应该采取下面有针对性的措施：

（1）孩子 3—4 岁的时候，父母要给孩子指定观察的任务。在具体观察时，孩子往往会由于某些无关细节的吸引而忘记需要观察的东西。这样一来，孩子就很难把握事物的内在联系，也难以持续观察下去。所以，父母让孩子观察指定的对象，需要引导他们从大局入手去把握。比如，观察刚进门的客人有什么特点。

（2）孩子 5—7 岁的时候，父母要让孩子学会理性观察。这个年龄段的孩子观察事物时缺乏计划性，并且带有很大的情绪性。他们常常为了一些新鲜、刺激的事物兴奋异常，而当他们对所观察的事物不感兴趣时，则会表现出不耐烦的情绪。所以，父母要让孩子学会理性观察和思考，避免表面上装出用心的样子，而实际上心不在焉。比如，通过和客人交谈，发现对方身上的优点。

（3）孩子 10—13 岁的时候，父母要让孩子直接观察对方确定的目标。这时候，孩子的生活经验已经比较丰富了，所以应该学会系统、有顺序地观察某一事物。父母要让孩子快速观察到对方的突出特点，做到心中有数。比如，在与客人会面的时候，要掌握对方的特点，从而恰当得体地与对方交谈下去，避免出现冷场。

通过有针对性的训练，孩子才能有意识地掌握观察人的能力，从而在日后与人交往时准确判断对方的特点，发现对方的优点，为我所用。当孩子学会观察人、善于观察人的时候，他们就对整个世界充满了探索精神，从身边的朋友身上找到自己的缺点和优点，真正做到取长补短；同时，还能融洽地和对方相处，掌握与人打交道的本领。

第六章

好妈妈的社交规则：帮助孩子提高社交商的有效方法

对孩子来说，他的舞台始终是社会，从父母、玩伴、同学，到同事、客户，无不是与人打交道的过程。显然，孩子与人相处和交往的能力如何，决定了他未来的舞台有多大，前进的路程有多远。

1. 为人处世是一种生存技能

孩子在成长过程中，实际上要借助于外部关系的力量。家庭、学校、社会是三个基本的教育场所，在不同的场景中，孩子要接触不同的人，在与人打交道的过程中认识社会、学习知识、促进思考。

所以，帮助孩子掌握与人打交道的本领，学会与人相处的技巧，是父母义不容辞的责任和义务。学会与人交往，孩子不但能学习更多知识和本领，更重要的是为自己打开了通向未来成功的大门。

在许多人的眼里，“知识”往往是书本知识、科学知识的代名词。其实，在科学文化知识之外，还有一门更重要的学问，那就是为人处世方面的知识。显然，一个人不懂得如何与人交往，不知道如何恰当表达自己的想法，就不能实现良好沟通，就很难让自己融入团体、组织中，顺利完成工作，建立融洽的合作关系。

在家庭教育中，父母除了督促孩子学好书本知识外，更要让孩子学习为人处世方面的知识。“知识就是力量”，也适用于此。

谈到“为人处世”，许多人往往把它理解成庸俗哲学，以为是请客送礼、走后门、玩弄心计等。事实上，人是社会性的动物，从诞生那一刻起就离不开与人打交道。学会与人发展关系、建立融洽的关系是适应周围环境的客观需要，也是个人取得成功的重要保障。那些庸俗的人际关系学只是一个侧面，是支流。因此，父母更有必要让孩子学会与人打交道的正确知识。

首先，要让孩子明白自己在生活中扮演着各种角色。父母在评价孩子的时候，常常使用“懂事”和“不懂事”。“懂事”就是扮演好了自己的角色，恰当地与人交往，在说话等方面恰倒好处；反之，就是不懂事。比如，对父母来讲，孩子是子女；对老师来讲，孩子是学生；对在同一所学校上学的人来讲，孩子是同学；对居住的四邻来讲，孩子是邻居……有的孩子在爸爸妈妈面前撒娇，在客人面前也这样，就是因为他们不懂得转换角色，改变说话、待人的方式。

其次，父母要让孩子掌握与不同人交往的基本礼仪。人与人交往都有一些规则，这就是礼仪。一般来说，孩子经常接触的是家人、同学、老师、邻居、客人等。在日常生活中，注意引导孩子学会与不同的人打交道，就能帮助孩子确立融洽的关系，让他们在学习、生活上更加快乐自由。

孩子接受了良好的家庭教育，懂得如何为人处世，对他们未来的成长和发展是非常有利的。因为，将来孩子要走向社会，与更多的人打交道，掌握了这方面的知识，他们才能发展各种关系，实现预期发展目标。

也许有的人会认为，孩子将来只要学习成绩好，就能找到一份好工作，还愁其他的事情吗？不可否认，学习成绩是异常重要的，但是，一个人单靠自己的力量是寸步难行的。因为任何一个人，不可能脱离别人、脱离社会而独立生存。人际关系的良好发展对社会和个人的进步都具有重要意义。

一个人生活在良好的人际关系之中，才能获得健康的心理，开朗、乐观、愉快地从事各种活动。值得关注的是，有的孩子不能处理好与父母、老师、同学的关系，结果遇到了各种苦恼，严重影响了学习和进步。这种情况是非常普遍的，应该引起父母的警觉。

书本知识和为人处世的知识，都不可缺少，它们都有巨大的力量，都能左右孩子一生的成长和发展。孩子只有处理好这两个方面的知识，才能更有才干，在实践中取得成功。

（1）父母要让孩子自觉学习书本知识和为人处世方面的知识。在今天激烈竞争的社会环境中，过去的世袭爵位、贵族权势、铁饭碗已经消失了。每个人只有掌握科学文化知识才能凭借自己的本事生存，只有掌握为人处世方面的知识才能更好地发展。

（2）教导孩子不要崇拜和迷信他人。人们对周围的事物总是怀有敬畏心理，认为自己不如他人，或者自己能力有限。其实，所有的事情都有内在的学问。父母要引导孩子爱学习、爱思考、爱提问，努力发现事物的本源是什么，努力找到解决问题的途径。

2. 缺乏爱心的孩子不可爱

一个人有爱心，才能与家人和谐相处，建立起彼此的亲情关系；一个人有爱心，长大后才能关心社会上的人和事，建立与他人的良好关系，获得成功与发展。作为父母，培养孩子的爱心十分重要，具体来说就是要引导孩子关爱家人，并在此基础上让他们具备关爱他人的品质。

周末，妈妈和小明在家休息。忽然，妈妈感觉胃里一阵难受，接着就跑到厕所里哇哇地狂吐起来。那种感觉简直让人难以忍受，妈妈的心情糟糕透了。

看到这种情形，四岁的小明居然学着妈妈的样子一阵狂叫，似乎还在为自己的模仿洋洋得意。身心疲惫的妈妈简直气坏了，但是转念一想，孩子就是孩子，何必跟他计较呢？于是，妈妈让小明到另一个屋子里自己玩，准备休息一下。但是，小明根本不听话，一个人在屋子里上窜下跳。妈妈本来想躺在床上休息一会儿，小明却让妈妈帮他做这做那，没有一点儿安生。

妈妈最后实在忍不下去了，就对小明说："明明，妈妈现在身体很不舒服，你应该关心一下妈妈，问一下妈妈怎么了，哪里不舒服，这样才是好孩子。还有，妈妈不能陪你，你自己安静一会儿好吗？"然而，小明根本无动于衷，仍旧我行我素。妈妈看着眼前的孩子，心里真不是滋味：为什么孩子这么不懂事，对最亲爱的人都不关心呢，连起码的爱心都没有。

生活中，父母对孩子可以说给予了无微不至的爱护，而且这种爱是不求回报的，是父母的一种本能。坦率地说，父母不求孩子如何报答自己，但是当自己遇到麻烦、身体不舒服的时候，却渴望孩子能多些体贴和关爱，这是一种人之常情。

一旦看到孩子对自己漠不关心，对其他家人也很冷漠，父母往往会为孩子缺乏爱心而苦恼。缺乏爱心的人往往没有责任感，而缺乏爱心的孩子不可爱。

兄弟和睦、关心家人，是家庭幸福的基础，是社会和谐的保证。中国传统社会重视爱与亲情，认为亲属之间的爱是最基本的。“老吾老以及人之老，幼吾幼以及人之幼”，一个人只有爱家人，才能做到爱他人。

一个留学的年轻人从外国给父母打回电话：“爸爸妈妈，我准备回来了，但是我有一件事请求你们答应，我想带一个朋友和我一起回家。”爸爸妈妈以为孩子交女朋友了，高兴地说：“当然好啊！我们很高兴认识她。”

但是年轻人说：“不，他是我们宿舍的同学，而且受了重伤，少了一条胳臂和一只脚。他现在走投无路，所以我想让他和我们一起生活。”

父母听到这里，立刻迟疑起来：“孩子，我们理解你的心情，可是像他这样残障的人会给我们的生活带来很大负担，我们还有自己的生活，不能就让他这样破坏了。最好帮他找个安身的地方。”

忽然，年轻人挂了电话，父母再也没有他的消息了。过了几天，父母接到了来自国家驻某国领事馆的电话，告诉他们亲爱的儿子已经自杀身亡了。当地警方证实，这是一起单纯的自杀事件。父母两人伤心欲绝地来到国外，并在警方带领之下认领儿子的遗体。

让他们吃惊的是，儿子居然只有一条胳臂和一条腿，原来他在电话里说的那个同学是他自己。后来经过询问得知，儿子在一次车祸中受伤了，他担心父母不能接受自己，所以才有了电话里的那段对话。父母明白了真相以后痛不欲生，对自己当初的行为追悔莫及！

上面这个年轻人的行为有点极端，但是这个故事却带给我们很大震撼，应该引起每个人的思考。如果这对父母当初有一颗同情心、多点爱心，答应孩子的要求，那么悲剧或许就可以避免了。在这里，我们无心责怪那对父母，只是想让大家明白：关爱他人就是关爱自己。

因此，从小培养孩子的爱心，让他们从小懂得关爱家人、帮助他人，是很有必要的。人和人之间需要相互帮助、支持，才能实现自己的目标。

（1）了解对方的内心，才能给予关爱、照顾。父母要引导孩子学会站在对方的立场考虑问题，了解对方的心理需求，这样才能给别人爱护。有这样一则寓言故事，一把坚实的大锁挂在大门上，一根铁杆费了九牛二虎之力都无法把它撬开；后来身子瘦小的钥匙来了，它钻进锁孔轻轻一转，就把大锁打开了。铁杆对钥匙说："你的力气没我大，你怎么能轻易打开它呢？"钥匙回答说："因为我最了解他的心。"只有了解对方的内心，才能给予关怀和帮助。

（2）父母要做一个有爱心的人，给孩子树立榜样。榜样的力量是无穷的，父母经常帮助别人，给予他人照顾，孩子就能看见你对别人的"痛苦和希望"表现出来的关心，并在日后生活中清楚自己该怎么做。比如，父母之间要相互恩爱、体贴，在餐桌上给孩子夹菜的同时，也不忘给爱人夹一筷；外出购物给孩子买玩具的时候，也不忘和孩子商量给爸爸或妈妈买什么礼物。

（3）让孩子远离暴力活动。经验表明，孩子如果经常接受残酷的、令人堕落的画面、事情，就会使内心的美好愿望遭到侵蚀，降低对世界的美好想象，自己的爱心也会遭到损毁。比如，父母经常吵架，孩子观看充满暴力的动画片、小说，孩子经常打架，都不利于培养他们的爱心。

3. 傲慢的孩子不受人欢迎

天地万物都有自己的运行规律，社会生活也离不开一定法则，其中长幼有序、相互尊重就是重要的一点。孩子来到这个世界上，成长和发展的过程都离不开与人打交道，因此父母要让孩子懂得尊重他人，避免傲慢无礼。

孩子生来并不懂得这个世界的规则，自由的天性本来是一种幸福和快乐，但是个人离不开社会生活，必须合作才能生存、创造和发展。而人与人之间交往最重要的是尊重，因此学会尊重他人，是孩子成长的需要，也是成熟的标志。在家里尊敬兄长，在外面彬彬有礼，这样的人才会赢得他人的支持和信任。

三岁的丹丹原来在附近的幼儿园上学，和周围街坊的小朋友相处得很好，大家一起玩，建立了亲密的友谊。后来，妈妈为了让她接受更好的教育，就换了一个条件好点的学校。但是，丹丹好像换了一个人，对以前那些小朋友疏远起来。

有一天，丹丹和妈妈放学回家，来到楼下时恰好碰到隔壁的小雪。小雪热情地走过来打招呼，然而丹丹就是不理对方。还有一次，其他几个小朋友追着丹丹玩，可是她摆出一副骄傲的样子，根本不把大家放在眼里，惹得大家很没趣。

后来，妈妈问丹丹为什么不跟别的小朋友玩，她说:“我现在在幼儿园有了好朋友，而且他们穿的衣服更新，玩具也更好。”妈妈明白了，丹丹开始对朋友挑剔起来了，只喜欢和那些条件优越的孩子在一起，对以前的好朋友不感兴趣了。

妈妈接着问她：“你和小雪等人以前就是好朋友啊，怎么能拒绝和他们玩呢！就算你不喜欢和他们在一起，见了面也要打个招呼呀，这样才有礼貌，才尊重别人啊。”丹丹对妈妈的话就是不听，表现出满不在乎的样子。

相信许多父母都遇到过类似的情形，孩子接触了新朋友、新事物以后，就会产生一种喜新厌旧的心理，以为自己“高贵”起来，开始对先前的人和事挑剔起来，并表现出傲慢的态度。孩子以高低贵贱看待身边的事物，不懂得尊重他人，很容易让自己成为不受欢迎的人，失去朋友和伙伴。

一个人生活在这个世界上，离不开与他人接触，更离不开他人的合作。让孩子认识到与人合作的重要性，懂得如何与人打交道，首先要培养态度谦和的作风，学会尊重他人。尊重他人，不分长辈、同辈、晚辈，对各类人都给予敬重，尊重他们的感受，才能建立友好关系，与对方融洽相处。

对父母来说，最重要的是从小引导孩子尊重家人，学习各种礼仪，在与人打交道的过程中展示应有的修养。只有这样，他们才能成为受欢迎的人，打开与人交流的大门，使自己得到成长和进步。

日本人懂礼貌举世闻名，这与他们从小接受的家庭教育有很大关系。在日本家庭里，孩子从小都要接受严格的礼节教育，在与人打交道的时候必须有礼貌、尊重人。起初，小孩子很容易发生失礼行为，但是父母只要发现孩子有失礼的地方，都会及时给予纠正。

一位留学人员这样回忆，有一个夏天的午后，他和一对日本夫妇正在喝茶，突然这家人的孩子兴冲冲地从外面跑回来，兴奋地把一张奖状递给父亲。这位留学人员以为孩子的父亲会很高兴，可是父亲却阴沉着脸说:“伊藤君，你马上就要进入中学读书了，应该知道进门的时候说一声‘我回来了’。无论遇到什么事，都应该这么做。”

只见伊藤低着头道歉说:“对不起，我失礼了!”然后，他退到门外，大声喊了一声:“我回来了!”接着，父母一起笑着应声道:“你回来了!”最后，一家人才高兴地看奖状，交谈起来。

这件事情虽小，却足以说明日本家庭是十分重视礼仪教育的，让孩子从小学会尊重他人，实际上是给他们打开了一条与人建立良好关系的通道。礼多人不怪，掌握必要的礼仪规则，学会尊重他人，这样的人再怎么说也不会招人讨厌。反之，一个人妄自尊大、桀骜不逊，本事再大也难以被众人接受，又怎么能获取成功呢?

4. 尊重他人，就是尊重自己

尊重他人，遵守必要的规则，表面上看是一种利他行为——让他人享受到了被尊重的荣耀；实际上，尊重他人，就是尊重自己，因为对方也会以友好的态度回应，实现了一种“人敬人高”的良性循环。

小军经常和一帮朋友去外面玩，有时还旷课，结果期中考试成绩很不理想。其实，爸爸早就注意到小军最近总是贪玩，是被一帮同学带坏了。妈妈和爸爸商量，要给小军点“厉害”尝尝，但是爸爸坚决不同意。

有一天，小军放学回到家，发现妈妈做了一桌饭菜，客厅里还放着一个游戏机。这时，爸爸走过来说：“小军，今天是你的生日，妈妈给你做了一顿好吃的，我们还给你买了一个游戏机，作为生日礼物送给你。生日快乐！”

原来，爸爸了解到小军经常和同学去网吧里玩游戏，所以才影响了学习。爸爸想了许久，决定给孩子买一个游戏机，让他在闲暇的时候在家里玩，这样能够劳逸结合，放松神经。至此，小军明白了爸爸妈妈的心思，看着他们期待的眼神，他下决心要把学习成绩提上去。

后来，小军努力改变自己，又成为同学中的佼佼者。爸爸开怀地笑了，说儿子是他的骄傲。小军看着爸爸的笑容，知道那是父母对自己成功的赞赏，就说：“都是你的游戏机让我放松了，才学习得更好啊！”一家人全笑了。

孩子玩游戏影响了学习，是一个非常普遍的问题。在这里，小军的爸爸处理得非常好。他没有打骂孩子，而是体察到了孩子的学习压力，于是主动买了一个游戏机让孩子在闲暇之余玩乐。这样一来，小军感觉到了父亲对自己的尊重和爱护，最后主动把学习搞好了。

生活中，孩子控制力差，犯错难以避免。父母应该尊重孩子，给他们改正的机会，体会他们的心情，这样才能帮助他们进步、成功。更重要的是，孩子体验到了来自父母的尊重，也会以这样的做法和别人打交道，从而实现了良性循环。

一些父母在家庭教育中总是遭遇挫折，一个重要问题就是不懂得尊重孩子，总是高高在上对孩子发号施令。而孩子失去基本的自尊，很容易自暴自弃，陷入恶性循环中。那些不被他人尊重的孩子通常会说“我想怎么做就怎么做，用不着考虑别人怎么想”，“出了问题我自己负责”，“我认了，不用你们管”。

所以，面对孩子的我行我素，父母也要反省自己的言行，避免把孩子逼上绝境。人与人都是相互影响的，父母与孩子之间存在着长幼关系，但是也要做到彼此尊重。父母要意识到，“尊重”本身是一种态度，没有高低上下之分，大人对小孩，小孩对大人，都有独特的尊重方式。只有学会尊重他人，才能建立信任关系，实现良好沟通。在家庭里是这样，在社会上同样如此。

(1) 父母要让孩子学会与人打交道的礼仪。见面打招呼的时候要采用恰当的称呼，与人说话的时候不盛气凌人，这些都是与人打交道最基本的技巧。父母要让孩子区分环境的不同、交往对象的不同，从而确定自己的言行。

(2) 让孩子懂得，“开玩笑”要掌握分寸。有密切关系的交往，说一些轻松的话题能增加气氛。但是孩子控制能力差，往往分不好轻重，常常说出一些过头的话，让对方有不被尊重的感觉，或者让人感觉到傲慢。所以，父母要告诉孩子不能开过火的玩笑。

(3) 让孩子学会道歉的艺术。生活中与他人发生误会的时候，影响到别人的时候，孩子要学会道歉。比如，路上一不小心撞了对面走来的人，就要主动道歉，这也是尊重对方的做法。反之，孩子不仅不道歉，还说一些过激的话，会让矛盾激化，引发严重后果。

5. 做会招待客人的小主人

热情好客、礼貌待人，是孩子迈向成熟的关键。学会礼貌地招待客人，一方面能帮助人们建立良好的人际关系，另一方面能创造健康文明的社会生活环境。因此，父母要引导孩子掌握礼貌招待客人的技巧。这不但有利于他们健康成长，更会对他们未来的人生发展产生积极的促进作用。

曹雪芹在《红楼梦》里有一句非常经典的话:“世事洞明皆学问，人情练达即文章。”意思是，世界上的任何事情都有内在的学问和道理，学会与人交往、打交道也是一门很深的学问。在谈到家庭教育的时候，许多父母往往仍旧离不开孩子的学习，忽视了孩子在为人处世方面的努力。结果，许多孩子成绩优异，但是不懂得如何与人打交道；从小的方面说，孩子不懂事，往大的方面说，可能影响到孩子日后的发展。

道理很简单，一个人如果拒人于门外，不仅给人留下缺乏教养、傲慢的印象，更重要的是还会关闭获取发展机会的大门，失去难得的人生机遇。所以，父母除了关注孩子的学习之外，还要让他们懂得必要的人情世故，学会与人打交道。

马丽有一个七岁的儿子，以前她只关心孩子的学习，把辅导功课、检查作业当做教育孩子的主要任务。后来，丈夫提醒她，要重视孩子学习课本以外的知识，对人情世故也应该有所了解。这时，马丽才注意到，几年前很喜欢说话的儿子言语越来越少了，有时候家里来了熟人也懒得打招呼，显得非常冷淡。

这怎么行呢？人生活在这个世界上必然要与各种人打交道，孩子不懂得必要的人情世故将来会寸步难行。于是，马丽开始有意识地让孩子与人接触，家里来了客人教给他各种礼仪知识，甚至一有机会就带他到朋友家做客。果然，儿子经过一段时间的训练，又恢复了往日灿烂的笑容，变得开朗活泼了。许多人对马丽说，你的儿子懂事了，真是教子有方啊。马丽听了，心里高兴极了。

人情世故的道理，包含在招待客人的过程中，但又不仅仅局限于此。所以，父母除了让孩子掌握招待客人的学问外，更要注意让他们体会与人相处的道理，进行必要的启发和点拨，这样才能从根本上明白人情世故的广泛内涵，做到举一反三。

孩子终究有一天会走出家庭，进入更广阔的发展天地。然而，进入一个新环境，需要掌握相应的做人处世技能。所以，父母要注意在平时教给孩子招待客人的技巧，培养孩子待人接物的本领。

“招待客人”是一门学问，包括招待谁、对方的期望是什么、有什么目的等。这需要父母在日常生活中对孩子耳提面授，让他们从点滴之间学习。一般来说，掌握以下的待客原则是很有必要的：

第一，在客人到达以前，要事先进行充分的准备，包括把房间收拾整洁。同时，也要把自己整理一番。客人来访时，如果主人蓬头垢面、穿着不整洁，那将是失礼的行为。

第二，迎接客人进屋以后，要主动帮着客人放衣物，并引导客人坐在合适的位置上。要避免把客人的礼品当场打开，或者随意翻动。总之，尊重客人才是上策。

第三，接着，要主动询问客人喜欢喝什么饮料，并立刻双手呈上；然后大方地与客人交谈。如果客人与其他家庭成员谈话，也要仔细聆听，而不能心不在焉。

第四，当客人离开时，要有礼貌地加以挽留，最后送客人时要陪同走一段距离，并主动说“再见”、“欢迎再来”等。

上面是招待客人的一般礼仪，父母在此基础上还要教给孩子一些更加细节化的东西，才能更好地赢得客人的满意，让孩子成为一个懂事、有礼貌的人。

一般来说，招待客人是为人处世的基础，让孩子参与这种活动，不但可以锻炼他们的谈话技巧，还可以让他们见识不同的人，增强与人打交道的能力。将来孩子走向社会以后，处处需要这方面的知识和技巧，给自己的事业发展提供空间。从另一个角度来看，招待客人、与客人交往，本身就是一种交流和享受，是家庭生活中的一个重要主题，这对孩子心理健康也是很有必要的。

需要注意的是，除了让孩子从事力所能及的活动外，比如端茶倒水，摆放食品，父母要重点让孩子学会与客人交谈、展开话题。首先，要对客人保持礼貌的态度，面带微笑；其次，对客人的提问，要让孩子大方、认真地回答；再次，当父母与客人交谈时，不要让孩子随便插嘴、吵闹，更不能对客人评头论足。

让孩子学会招待客人，不但能让他们掌握与人相处的技巧，父母还能在整个过程中观察孩子的行为，了解他们的心理，从而有针对性地进行家庭教育。

6. 学会调教自私的孩子

怎样才能与人和睦相处呢，古人提出了克制私欲的观点，提醒大家要有一颗仁爱之心，从而有效避免发生摩擦和矛盾。推而广之，这其实是如何与他人打交道的问题，尤其是与陌生人建立友好关系。在此，父母要引导孩子克制自己的私心，成为一个有仁爱精神的人。

乐乐已经快两岁了，他性格开朗、活泼好动，非常惹人喜欢。但是让妈妈担心的是，乐乐从来不让别的小朋友碰自己的玩具；相反，看到别人的玩具就会抢着要。每当妈妈劝解时，他还一副倔脾气，只贪图自己的享受。孩子太自私了，妈妈不禁担心起来。

孩子自私，只想到自己，不会想到别人，其实是一种普遍的现象，父母不必过分紧张。因为对年纪尚小的孩子来说，他们的思维能力有限，往往难以理解事物之间的相互关系，所以常常以自我为中心去观察、认识周围的事物，并做出有利于自己的行动。因此，从某种意义上说，“自私”是幼儿的一种思维特征。

但是，孩子过于自私，即使父母劝导也没有纠正，就要引起重视了。正像上面那位妈妈担心的一样，自私的孩子以后会好吗？别的孩子也这样吗？说实话，任何一位父母都不希望自己的孩子是一个自私的人，而是想让他成为有仁爱之心、有责任感的人。因为有着丰富社会经验和成长经历的父母知道，一个人健康成长，乃至在未来获取成功，都要和父母、同学、朋友、同事打交道。显然，不能克制私心的人，就不会顾及他人的感受、不懂得“己所不欲，勿施于人”的道理，只会在生活中四处碰壁。

那么，如果自己的孩子过于自私，父母应该采取哪些行动进行矫正呢？

(1) 避免过于迁就和宠爱孩子。

许多独生子女享受着来自父母的关爱，他们不仅有着优厚的物质生活，还在家庭中享有许多“特权”，长辈们众星捧月般地围绕在孩子身边，唯恐孩子不高兴，使得孩子自私心膨胀。因此，在为孩子提供优越的生活条件后，父母要避免对孩子溺爱、娇惯，一旦发现孩子身上的不足之处，就要及时指出，对其进行潜移默化地指导。经验表明，许多孩子过于自私，与父母的迁就有很大关系。孩子只看到自己的利益和喜好，沿着这种思维方式发展下去，很容易变成一个自私自利的人。

(2) 父母不能只注重孩子的学习成绩，还要关心孩子优秀品质的培养。在现代应试教育的背景下，一切以分数为判断的标准，导致许多父母只以成绩论好坏。取得了好成绩就是好孩子，这是大多数父母的认识。所以，只要孩子学习好，父母就让他们为所欲为，最终使孩子失去了培养公正、慈爱等优秀品质的机会。

(3) 让孩子体会分享的快乐，认识到自私的危害。人是群体性的动物，孤独的人不能获得成功，也不会享受到快乐。所以，父母要引导孩子接触身边的人和事，让孩子和大家交朋友，体验与大家分享的快乐。比如，鼓励孩子把自己心爱的玩具让小朋友玩，把自己爱吃的东西分给小朋友吃，引导孩子树立群体观念，从而减少自私行为的发生。此外，父母还要通过讲故事等多种形式让孩子意识到自私、占小便宜的危害，对不良行为有所警惕。

7. 良好的礼仪是孩子一生的财富

俗话说："你敬人一尺，人敬你一丈。"人与人的交往，都要遵循一定礼仪。孩子与人打交道，不能仅仅凭借个人喜好和感受，还要懂得与人交往的基本礼仪，才能成为受人欢迎的好孩子。并且，孩子从小学会文明礼貌，能有效规范自己的日常行为，通过不断提升个人修养为日后发展打开新天地。

许多父母经常抱怨，孩子调皮捣蛋，有时候甚至是"人来疯"。与他们计较吧，毕竟还是孩子，如果放纵他们，怎么能养成良好的礼仪习惯呢？特别是在一些关键场合，孩子不守规矩，没有礼貌的行为让人很头疼。

王华已经上小学四年级了，平时家里没有客人的时候，他是一个比较听话的孩子。但是，一旦家里来了客人，他就像有了保护神似的，开始放肆起来。比如，王华会在客人面前向父母索要玩具，提出种种过分的要求；家长当着客人的面，不好意思管教孩子，只能任由他"胡作非为"。

不可否认，孩子调皮一些，无可厚非；但是，如果孩子不分场合乱来，就值得注意了，而如果不对孩子加以引导，让他们遵守一定规矩，日后管教起来会更麻烦。比如，孩子随便打断别人说话、在别人休息的时候大吵大闹、在长辈面前称呼不当等，都不能用顽皮来解释。对这些情形，父母必须引导他们掌握相应的社交礼仪。

美国成功学家马尔登说过:“文明的举止，还有这背后所蕴藏的对人的体谅、关心，是我们人生的一笔巨大财富。”良好的礼仪会让孩子成为一个有教养的人，而这种修养的价值怎么强调都不过分。孩子缺乏教养，不懂礼貌、礼仪，即使有胆量也会带有野蛮的色彩，即使有学问也会显得迂腐，即使有聪明才智也会看起来滑稽，即使率直也会变成粗俗……是啊，人们都喜欢和懂礼貌的人交往，当孩子以良好的举止、得体的言行与人相处时，他们就打开了通向成功的大门。

比如，在学校中，孩子懂得遵守同学之间交往的礼仪，就能帮助他们与人和谐相处，在融洽的校园、班级环境中生活好、学习好，健康成长。一般来说，同学之间的交往礼仪包括:

⑴ 同学之间的日常相处要诚恳谦虚，相互尊重。具体来说，同学之间讲话时要采用恰当的语言，语调要平和适度。比如，同学间可以彼此直呼对方的名字，但是不能用“喂”、“哎”等不礼貌用语称呼对方。而当有求于同学时，则要使用“请”、“谢谢”、“麻烦你”等礼貌用语。而在男女同学之间，男同学应该主动关心、照顾女同学。

⑵ 同学之间忌讳打听对方的隐私。孩子往往认为，大家既然是朋友，就应该无话不谈，但是任何人都有自己的秘密。特别是与那些不太熟悉的同学，更要保持适当的距离，才能做到彼此融洽相处。至于私自翻阅同学的日记或私拆私藏别人的信件，则更不允许。

⑶ 同学之间应该互相帮助。当同学遭遇挫折、失败，甚至是不幸时，要积极主动进行问候，并给予帮助。有的孩子之所以不能和同学搞好关系，就是因为好胜心太强。比如同学在学习上暂时落后时，嘲笑、冷笑、歧视对方，这种做法无疑会让双方彼此敌视。

无论在学校、家庭，还是将来走向社会，与人正常交往的道理都是一样的。作为父母，应该在家庭教育中帮孩子助掌握与人交往的一般原则，学习基本的礼仪。懂礼貌、有教养，孩子做到这一点，实际上就已经成功了一半。

8. 提醒孩子注意自己的仪表

掌握与人交往的基本礼仪，首先要让孩子站有站相，坐有坐相，努力成为一个受欢迎的人。道理很简单，一个人的外表，包括衣着、坐、立、行的姿势和言谈举止，可以反应出个人修养、禀性、文明和教育程度。因此，父母在家庭教育中首先要帮助孩子修炼自己的言行，这是懂礼节、有教养的基础。

父母可以询问孩子：喜欢和什么样的人打交道？如果一个人打扮得怪里怪气，交腿斜靠马路边，说话时歪着膀子，你愿意和他（她）交朋友吗？估计孩子一定作出否定的回答，因为不喜欢和这样的人往来，这是人们的普遍心理。接下来，父母要告诉孩子应该注意自己的仪表，才能成为受欢迎的人。

具体来说，孩子在保持个人良好的仪表方面需要注意下面几点：

第一，保持良好的站姿、坐姿和走路姿势。

体育老师常要求人们要“坐如钟，站如松”，是很有道理的。“坐如钟”就是坐得正，上身要自然挺直、挺胸、两肩放松，大腿和小腿基本成直角，脚平放地上，使上身重心落在臀部，犹如巨钟端坐之势。看人的时候，要把头稍微抬起；看书的时候，眼睛与书本的视线要成直角。这样的形体姿势显得端庄、大方、自然、舒适。不但看起来美，而且对孩子的身体发育也非常有益。生活中，有的孩子坐、卧的时候歪七扭八，时间长了容易驼背，甚至形成近视，影响心脏和肺脏的功能。

站立的时候，身体要像挺拔的青松一样，把重心放在两只脚上，头要正，颈要直，挺胸收腹不斜肩，两臂自然下垂，臀部不向后翘，从头到脚成一条线，两眼平视。走路的时候，要保持正确的站立姿势，注意挺胸、收腹、梗颈，保持躯体笔直，挺胸腰正，下肢摆动要协调，做到步伐稳健、轻松自如。

第二，掌握待人接物方面的礼仪。

比如，到别人家里做客的时候，坐在沙发上不能跷腿抖动，女孩穿裙子要把裙脚收好等。递给别人物品的时候不能直接递过去，最好是双手送过去。接受对方的东西时，则要双手接过来。搀扶老人、小孩的时候不能用一只手去拽，而要两只手并用，保证对方的安全。

在待人接物方面，首先要学会站在对方立场考虑问题，学会替对方着想；其次，要在行动上表现出应有的关爱、体贴，这就是礼仪的具体内容了。

第三，注意自己的容貌、穿着打扮等，给人留下好印象。

孩子充满朝气，应该给人精神饱满的感觉，可以通过加强体育运动保持活力，注意调节饮食。当然，孩子的面貌还离不开良好的心理状态。孩子如果总是闷闷不乐、心胸不开阔，就很容易把不开心写在脸上，无形中会把这种不良情绪带给他人。

在穿着打扮上，父母要让孩子注意衣着符合自身特点。具体来说，要给人以美观、整洁、得体、协调、舒服的感觉。当然，选择服装应因人而宜。一般来说，第一步要考虑它的颜色、款式和本人的气质、性格、肤色是否协调。此外，还要遵守某种约定俗成的规范或原则，注意客观环境、场合对人的着装要求。

良好的礼仪是一种教养，当孩子保持良好的仪表、以尊重的心态与人交往时，就能打开沟通的大门，迎接对方的善意会应。孩子从小懂得这个道理，并且努力做到这一点，才能在成长的道路上走得更远。

（1）让孩子保持个人卫生，因为清洁卫生既是仪容美的关键，也是礼仪的基本要求。道理很简单，一个人无论多漂亮、服饰多华贵，如果满脸污垢、浑身异味，那么必然会破坏应有的美感，让人敬而远之。所以，父母要让孩子从小养成良好的卫生习惯，做到入睡起床洗脸、洗脚，早晚、饭后勤刷牙，经常洗头、洗澡，讲究梳理勤更衣。当然，不要让孩子在人前“打扫个人卫生”（比如剔牙齿、掏鼻孔、挖耳屎、修指甲、搓泥垢等）。

（2）引导孩子在与人交往时，学会换位思考。孩子由于年纪小，以及自我意识过于强烈，往往只注重个人感受，不能体会他人的需求。所以，让他们学会站在对方立场考虑问题，才能将心比心，懂得尊重对方，更好地遵守交往的礼仪。经验表明，善于替他人考虑的孩子，更能赢得外界的信赖和支持。

9. 让孩子掌握选择朋友的方法

任何一个人都离不开与外界打交道，但是复杂的生活存在着善恶、美丑。父母应该鼓励孩子积极接触外面的世界，让他们多和人接触，但是前提是必须学会选择、判断，掌握交朋友的科学方法。

研究孩子的成长案例，结合生活实际，父母教孩子学会交朋友，需要注意以下几个方面：

(1) 让孩子学会观察，和那些品质优秀的人交朋友。

有一天下午放学后，下起了大雨。赵亮回到家里，发现奶奶买菜还没回来，就急忙给爸爸妈妈打电话，然后穿上雨衣去外面找奶奶。

刚走出门，只见一个警察叔叔和一个与自己年纪相仿的男孩搀着奶奶走过来。更让赵亮吃惊的是，奶奶头上裹着白纱布。原来，奶奶回家的时候下起了大雨，因为急着赶路，一不小心跌倒了，头磕在路沿上；幸亏这位男孩拦住了警察叔叔的车，才把奶奶及时送到医院。还好，奶奶伤得不重，没什么大碍。

赵亮急忙把他们让进屋里，连连表示感谢。通过聊天，赵亮得知，原来这个男孩和自己住在同一个小区。赵亮非常高兴，从此和这个男孩成了知心朋友。

在上面的故事中，赵亮把救助奶奶的邻居当作好朋友，不仅因为他帮助了自己，更重要的是这个男孩身上闪亮着优秀的品格。与这样的人交往，就像进入满是芝草兰花的屋子中一样，自己也会变得芬芳起来，保持做人的优秀品格。

生活中，人们的思想、品质都体现在一言一行之中，因此父母要让孩子学会观察生活，有一颗发现的眼睛。对一个人有了深入了解后，就可以选择那些品质优秀的人交朋友，从而使自己得到进步。

需要指出的是，一些人犯了错误以后，我们习惯用僵化的观点看待对方，即使对方后来做了好事也会置之不理、视而不见。这种做法是不妥当的，父母不但要自己纠正这种错误做法，更要教给孩子学会摒弃成见，和那些本质上优秀的人成为好朋友。

此外，一个人不可能在所有方面都超过别人，那些缺点较多的人往往潜藏着某些才能，只不过你尚未发现。所以，父母和孩子要学会发现别人的长处，不能随便否定对方。

（2）“马路朋友”不能随便交，必须周密考察

随着年龄的增长，孩子接触的人越来越多。对那些萍水相逢的人，有时候一见如故，谈得非常投机，那么是不是可以马上和他成为知心朋友呢？对此，父母要教育孩子保留几分警惕。因为人与人的交往不是一下子完成的，大家都要有一个熟悉和深入了解的过程。

有一个小学生在书摊上认识一个卖书的大哥哥，还从他那里拿了一本复习指导书。这个小学生觉得大哥哥够朋友，就带他到家里玩，还向班里推荐了这本书。同学们都认为这本书不错，就让这个小学生代自己购买，并且交了书款。小学生放心地把书款交给了那个大哥哥，请他为班里的其他同学代买。结果，这位大哥哥拿了钱以后消失得无影无踪。

从这个故事不难看出，千万不能随便交“马路朋友”！父母既要让孩子多与人接触、打交道，同时也要让孩子保持警惕心，不能对别人的话言听计从。与坏人交朋友，简直就是引狼入室。孩子涉世未深，社会经验较少，还不善于分辨特殊情况下的世态人情，被坏人欺骗而上当的事情经常发生。所以，结识了那些不熟悉的人，必须进行周密考察，让

时间证明一切。

(3) 交朋友没有年龄限制，隔代人也能成为好朋友。

“代沟”是一个热烈的话题，父母往往对此深有体会。两代人想不到一块，说不到一块，也玩不到一块，的确存在这种情况。但是，人与人之间没有解不开的疙瘩，只要沟通好了，方法得当，年龄并不能成为两代人之间的阻隔。

因此，一方面，父母要掌握良好的沟通方法，了解孩子的心理，克制自己的冲动，努力和孩子成为好朋友；另一方面，父母还要引导孩子如何与那些年长的人打交道，并和他们成为好朋友。

一位小学生曾经参加学校组织的红色长征之旅活动，结识了离家不远处的一位红军老战士。这位老战士快八十岁了，是一位老奶奶。这个小学生和红军老奶奶已经成为好朋友了，两个人经常见面，共同学习那些革命战争时期的故事；而小学生有什么心里话，也都愿意告诉老奶奶。

其实，生活中这样的例子还有很多。父母不能禁锢孩子选择朋友的范围，而要引导他们和更多不同年龄的人接触，了解他们的思想，从他们的生活经验中学习有价值的东西，让自己早日成长和成熟起来。

那种单纯认为年龄差距太大会导致心理和思想方法上存在隔阂的观点，是不恰当的。“代沟”并不是一条不可逾越的鸿沟，古今中外“忘年之交”的事例举不胜举。例如，鲁迅既有比他大十几岁的章太炎那样的朋友，也有比他小几十岁的年轻朋友。显然，结识不同年龄段的朋友，能帮助孩子开阔视野，打开心胸，赢得成长和发展机会。

第七章

好妈妈的自控练习：有自控力的孩子更能成大事

心理学家弗洛伊德指出："学会控制情感是作为文明人个性发育的水准点。"在家庭教育中，父母除了让孩子用大脑理性思维以外，还要让他们懂得用大脑控制情感，从而避免在悲观、惰性、自私等人性弱点中沉沦下去。

1. “严”与“爱”相结合的教育原则

《颜氏家训》里记载了这样一个故事。大司马王僧辩的母亲魏老夫人品性严谨方正，在教育孩子的问题上丝毫不放松要求。王僧辩年过四十的时候，已经是三千士卒的统领，但是他一旦犯了错误，老夫人就会用棍棒教训他。所以，王僧辩最后成就了一番功业。

还有一个故事，有一位学士才华出众，从小被父亲宠爱，疏于管教。这位学士如果说了一句漂亮的话，他父亲巴不得过往行人都晓得，逢人便说。而当学士犯了错误时，父亲则会百般遮掩，加以粉饰，不让周围的人知道。长大以后，这位学士凶暴傲慢的脾气越来越大，后来因为说话不检点，被周逖杀掉，鲜血被拿去涂抹战鼓，结局十分悲惨。

其实，上面两个故事中的父母都爱自己的孩子，但是他们教育孩子的方式却完全相反。魏老夫人对孩子要求严格，学士的父亲却放纵孩子，结果前者的儿子功成名就，而后者的儿子却命丧黄泉。由此可以看出,“爱”孩子就要严格要求他们，把“爱”与“严”结合起来，而不能对他们娇生惯养。

教育孩子，通过和风细雨的方式能够拉近彼此的距离，可以让孩子在良好的氛围中明白事理、增长见识。但是，有时候这种不拘礼节的沟通方式也存在一定缺陷，比如孩子容易放松精神，认识不到问题的严重性，甚至把父母的话当作耳旁风，这样一来就会大大降低教育的效果。

通常，人们在威严的情况下会集中注意力、意识到问题的严重性，并认真对待存在的不足。一旦丧失应有的威严，显露出毫不在乎，甚至是轻浮的态度，就会与初衷背道而弛。教育孩子的时候，父母要学会区分场合，针对不同情况采取不同的做法，该和善的时候要笑脸相迎，该威严的时候要严肃以待，这样才能达到预期的目的。

需要指出的是，一些父母在日常生活中教育孩子的时候喜欢扮红白脸，一个人板起面孔，一个人说好话。这种做法虽然也有严肃的一面，在“一打一拉”的过程中收到了某种效果，但是另一方扮“好人”往往降低教育孩子过程中“威严”的效果，甚至影响孩子是非观念的形成。

在家庭中，父母是孩子懂事明理的导师和榜样。孩子犯错以后，唱“白脸”的刚刚对孩子进行了一番教导，这时如果唱“红脸”的打圆场、替孩子说话，就会使刚才的教育效果大打折扣，甚至导致孩子以后对抗唱“白脸”的，无形中增加了教育的难度。面对孩子的错误，父母进行训导的时候应该口风一致，才能让孩子认清问题、心服口服，努力改正错误。反之，父母扮演不同的角色，容易让孩子无所适从、是非不清，孩子在这种误导下很可能走上歧途。

我国儿童心理学家朱智贤指出：“要做到爱护与严格要求相结合。”具体来说，父母的爱子之心是正确的，也是可以理解的，问题是应该怎样爱孩子。只有对子女既有爱，又对他们严格要求，才能真正让父母的“爱心”开花结果，否则就成了溺爱和放纵，孩子会因为娇生惯养毁了前程。

现实生活中，父母放纵孩子的情形非常普遍，对孩子的爱到了“顶在头上怕飞了，含在嘴里怕化了”的地步。问题是，我们要把握好“爱”的“度”，无原则地“爱”就是溺爱、放纵，在“爱”的同时不遵循“严”的原则就会导致孩子自生自灭，使他们错过良好的成长机会，有百害而无一利。放纵孩子，只会让他们轻松一时，面对未来的挑战则会寸步难行。

⑴ 父母要称职、负责。大多数父母会因为溺爱孩子而放纵他们，但是还有一种情形需要引起注意——父母缺乏责任感而对孩子放纵。有些父母看到孩子难以管教、屡教不改，逐渐丧失了信心，于是对孩子索性不管了。这种放纵是不负责任的表现，对孩子的危害性更大，往往容易引发孩子自暴自弃，甚至走上违法犯罪的道路。

⑵ 在“爱”的基础上严格要求孩子。父母对孩子的学习、智力培养、日常生活等方面，既要给予充分照顾，又要严格要求，使他们更好地成长。许多人都有这样的体会，“回忆过去，总是那些严格要求自己的老师给自己最深的印象。”这是因为，严厉的老师让自己朝着更高目标前进，让我们学到了更多知识。同样的道理，父母教育孩子的时候，也应该把“爱”贯彻到“严”里面去。这样一来，孩子在自觉性、耐性还不是很高的情况下，才能不放纵自己，获得良好成长机会。

2. 训练孩子的自控能力

随着年龄越来越大，孩子希望早日长大成人、走向独立的愿望就越来越迫切。这时候，父母仍旧把他们当作孩子对待，以自己的方式安抚他们，往往事与愿违，甚至引起孩子的厌烦，产生抵触情绪和家庭矛盾。

这时候，父母应着力培养孩子的自控能力，让他们学会理性思考，能够掌控自己的时间和生活。帮助孩子学会排解内心的不良情绪，做起来并不容易，但是父母只要付出努力，就一定能够收到丰厚的回报，使孩子早日走向成熟。

东东最近听到一个坏消息，好朋友小强告诉他："张亮上次过生日的时候，没有邀请你参加，那一次几乎所有的同学都到了。"东东听了心里非常郁闷，因为他和张亮是好朋友，两个人经常在一起吃午饭、一起放学回家。东东虽然很伤心，但又不想表露出来，他知道自己应该做一个男子汉。但是，细心的妈妈发现了，并从小强那里了解到了具体情况。

接下来，妈妈和东东谈了一次话，两个人敞开心扉，分析其中的原因。当时，妈妈给东东提出了几种选择：

第一，告诉张亮，你非常恨他，并再也不同他讲话，解除友谊关系。

第二，给张亮造谣，在同学和朋友中说他的坏话，但是这会给张亮带来灾难性影响。

第三，同张亮继续友好相处，做到心胸宽广，自己能够快乐地生活和学习。

第四，找张亮谈话，大家心平气和地坐到一起，然后仔细询问他为什么不邀请自己。

第五，让好朋友小强询问张亮，为什么不邀请自己参加生日派对。

尽管东东还没有做出选择，还没有按照妈妈的意见行动，但是他已经明显感受到自己的心情好多了。接着，妈妈开导他，遇到不开心的事情时，要学会分析，进行推理，找到解决问题的办法，而不能憋在心里，也不能采取鲁莽的行动。东东听了豁然开朗，那一刻感觉自己长大了，也变得懂事了。

父母要让孩子明白，在生活中每个人都会遇到伤心事，我们没有办法控制别人的行为，但能控制自己的行为。所以，遇到麻烦要积极思考，通过创造性的设计处理眼前的尴尬和困难。当孩子掌握了自我干预、自我解脱的技巧后，就能妥善应对生活中的各种困难和烦恼，获得快乐，实现健康成长。

对成长中的孩子来说，能够积极主动认识周围的世界，学会控制自己的情绪，与身边的人融为一体，是一种基本的生存能力。许多父母习惯高高在上，对孩子发号施令，这种做法是不科学的，也是不理性的。放弃那种全面控制孩子的念头，并且帮助孩子训练自控能力，才能让他们拥有自由幸福的人生。

(1) 父母要明白孩子产生情绪恶化的主要因素，从而帮助他们控制情绪，找到解决问题的方法。一般来说，这些因素主要有性格特征、年龄问题，以及外界环境的变化。

(2) 家长不要在孩子面前发火。对家长来说，最糟糕的是在孩子面前情绪失控，这不但会吓着孩子，也会让他们对父母关闭心灵的大门。

3. 帮孩子跨越成长的烦恼

《颜氏家训》里指出，佛教是一种出世的哲学，教导使人抛弃一切欲望，从而消除人间痛苦。这提醒人们，在生活中除了积极奋进外，还要注意消除那些不合理的欲望，进入理性的世界中，这样才能知足常乐，生活得更幸福。

对孩子来说，他们面临着强大的学习和竞争压力，如果得不到及时的心理干预，很可能引发心理疾病，甚至出现离家出走、自残等行为。所以，父母要注意孩子的心理变化，学会关爱他们，并让他们掌握自我心理调节的技巧，通过做好“情绪辅导”的功课，顺利跨越成长的烦恼。

多年前，湖北某市高三的学生王某坠楼身亡。当地公安部门通过立案侦察，把这件事定性为自杀事件。王某在同学老师眼中堪称优秀的学生，为什么会跳楼自杀呢?

根据同学们的说法，王某学习非常刻苦，自觉性也很强，在班里的学习成绩一直非常优秀。但是，他性格内向，不太爱讲话。而在自杀前，老师和学生都没有发现他有任何异常的行为。后来，人们发现了王某的日记，知道了这个孩子内心的秘密。从日记中，人们发现王某流露着自杀的倾向，并且长时间以来内心充满了矛盾与痛楚。

其中，有一篇日记是这样写的：“距高考只有 86 天了，时间紧迫，还有太多的事没有完成，还有太多的考试题目没有做。我想和大家交谈，发泄心中的紧张和焦虑。但是，每个人都是自私的，个人主义极度扩张。宿舍里大家拉帮结派，我不善言语，不善交际，只能独来独往……如果考不上大学怎么办啊？昨天晚上，我没睡觉，反复想着这么多年来的境遇。从小学的时候就为人老实，常常被别人欺负；回到家里，也没有舒适的感觉，爸爸妈妈总是给我钱花，从来不关心我想些什么。生活真没意思……”

王某的父母面对儿子的离去，悲痛欲绝。他们通过反思承认："孩子的死与学习压力太大有关，也与自己对孩子的望望过高分不开。我们初中都没上完，所以想把孩子培养成人才。孩子从小到大都很听话，从来不让我们操心。他需要什么，我们都尽量满足。但是，学校和家长只抓学习成绩，很少关心孩子的内心世界。"

这是一个悲惨的故事，给所有父母都敲响了警钟。在父母眼里，孩子没有社会压力和经济负担，应该是快乐的。事实上，孩子和大人一样，也有喜怒哀乐，会产生一些不良情绪和刺激。

比如，孩子在繁忙的学习中，很容易产生紧张情绪，而这对他们的内心世界和情感是有害的。一般来说，大人产生紧张、疲惫情绪时，会自我调节，通过在生活中培养兴趣、参加聚会等，让生活变得激动人心和快乐。但是，孩子并不能掌握消除紧张的方法，所以他们常常需要父母的帮助。如果处理不好不良的情绪，孩子就会在心理上陷入沮丧和悲伤状态，并且可以持续几个月，甚至更长的时间。

随着年龄增大，孩子的成长烦恼也会增加。父母只一味地抓学习成绩是不行的，要多关心他们的身心健康。在家庭教育中，一定要做好心理教育，不能对孩子默然不关心，甚至刻意给他们施加压力。如果父母不能帮助孩子走出心理障碍，就要带他们到医院检查，求助心理医生。

4. 让孩子学会调节个人心理

李小军从小和奶奶生活在一起，直到上小学才和爸爸妈妈同住。可能是由于从小分隔开了，李小军和爸爸妈妈的关系总有一点疏远。

当李小军遇到难题时，妈妈总是尽力哄着："小军，遇到什么麻烦了，需要什么帮助吗？想开一点，我可以带你去看电影，或者去外面散心。"这时候，爸爸也会走过来，面对忧伤的小军安慰一番："小军，你感觉怎样？今天是否有点难过？"但是，小军分明感到爸爸妈妈的勉强，甚至不希望他们加深自己内心的忧伤。

研究表明，许多父母和孩子之间有"代沟"。这的确是一个客观存在的现象，因为无论孩子和父母多么投机、关系多么好，两代人之间总会有一些隔阂。也就是说，父母总有走不进孩子内心世界的那一刻。在这种情况下，教育孩子掌握自我心理调节的技巧，就非常重要了。为此，父母要遵循下列步骤，采取有针对性的举措：

（1）仔细观察孩子的行为，学会预测孩子可能会出现的不良情绪与心理疾病。

想要帮助孩子，首先要了解孩子。父母应该多看一些相关的图书，关注孩子教育方面的事情，知道哪些事情容易使孩子感到紧张，甚至可能导致孩子沮丧。经验表明，这些事件包括住院、开始上学或者上学的最后一年、约好的亲戚来访、有计划的家庭搬迁、主要的节日等等。

了解了上述情形，父母就要做好准备，事先和孩子进行良好的沟通。这样一来，孩子在经历这一切的时候，就会明白会发生什么，以及如何应对。当然，父母还可以在日常闲谈中，让孩子了解、认识这些事情的情况，避免孩子陷入不良的情绪中。

(2) 孩子出现紧张、沮丧等不良情绪和症状时，父母要及时帮助他们化解。

父母要观察孩子有什么异常行为。通常，孩子在情感上陷入恐惧、焦虑、厌烦、伤心、激动、愤怒等状态时，就会在行为上表现出来。比如，从不同寻常的畏缩变成不同寻常的好斗，或者从不寻常的平静变成不寻常的抽搐和牙关紧咬。这时候，父母就要注意，孩子出问题了，必须及时进行干预。

父母采取有效的措施，不但能帮助孩子摆脱不良情绪的束缚，还能让他们切实感受到父母的关爱，增进对家庭的归属感。反之，孩子得不到来自父母的爱护和关照，就会一直处于紧张、沮丧等状态中，引发更加严重的后果。

(3) 父母要在日常生活中成为一个特别优秀的倾听者。

防微杜渐，孩子的不良情绪会在日常生活中显露出来，或者因为情绪波动陷入紧张焦虑中。所以，父母要经常和孩子谈心，在交流中透露出对他们的支持，并且据此鼓励他们充分表达自己的感情。如果孩子把沮丧或者紧张宣泄出来，就能摆脱负面情绪的困扰，找回快乐幸福的时光。

在谈话中，父母要通过对孩子的感情做出相应的回应，并向孩子证明自己同情这种痛苦的体验。父母还要不时地点点头，表示自己理解孩子所说的内容。此外，父母还要注意插话，解释一下孩子关键的表述，并配合相应的面部表情、语音和语调。

在综合掌握上述技巧的同时，父母就可以完成对孩子的了解，从而采取有针对性的措施，让他们进行心理调节。通过这种努力，父母可以帮助孩子摆脱消极的情绪，变得积极开朗起来，迎接美好的前景。如果归结为一点，那就是让孩子学会掌控心理状态，始终保持积极乐观的情绪体验。

(1) 要让孩子拥有美好的梦想。每个人的生活都存在这样那样的缺陷，比如家境贫困、学习差、个子矮，但是拥有远大的梦想是每个人的追求，没有外界的力量会阻止我们想象自己的人生。所以，让孩子成为一个有梦的人，就能让他们以积极的心态调动自己的斗志和勇气，面对生活中的各种不如意。

(2) 遇到困难后，让孩子学会积极面对，而不是裹足不前。困难和挫折是生活中的常客，“胜败乃兵家常事”，所以要让孩子正确看待眼前的挫折。身陷困境的时候，引导孩子做一个勇士，迎难而上，才能开创壮丽的人生画卷。

5. 有自知之明，做力所能及的事

在家庭教育中，许多父母意识到要让孩子做一些家务劳动，避免他们养成衣来伸手、饭来张口的坏习惯。但是，许多人在教育问题上容易走极端，在不过分保护孩子的同时，把他们推向了另外一个反面。比如，让孩子做一些超出个人能力范围的事情，就容易带来消极后果，同样背离了家庭教育的正确方向。

多年前，南方某镇发生了一起恶性落水事件，几个未成年的孩子全部被水吞没了生命。原来，几个孩子路过一条河，结果一个小孩不小心掉进水里。另一个小孩急忙跳进水里去救，结果先掉进水里的小孩不但没被救起，去救人的小孩也没有上来。岸上的两位同伴看到这种情形，急忙过来救人，最后竟然没有一个人生还。

毫无疑问，这是一起让人扼腕痛惜的悲剧，几个未成年人为了救同伴，全部葬身河里，这种教训是异常深刻的。那么，为什么会出现这种情形呢？难道孩子不知道自己无能为力吗，不知道个人能力有限吗？

首先需要明确的是，几个孩子见义勇为的精神是值得提倡和学习的。但是，深入思考不难发现，孩子虽然有见义勇为的精神，却不具备见义勇为的能力。显然，后面几个孩子都不会游泳，即使会游泳，也难以保证能够把同伴救上来，并保证自己没有生命危险。

可以判断，这几个孩子对眼前的危险完全没有正确的判断能力，而他们作为社会的特殊群体，在心智和身体发育方面还很不健全。所以，当别人遇到危险情况时，他们只是凭借一种精神去帮助别人，而没有顾及自己的安全，于是产生了令人叹惋的结果。

生活中，恐怕这样的情形还有很多。父母的确应该教育孩子善于帮助他人，但是这种帮助是有条件的，那就是对孩子来说必须是“力所能及”的。孩子只有具备了这种意识，具备了正确思考和判断的能力，才能及时对自己采取的行动将会产生何种结果作出准确的预见。反之，孩子就像拿鸡蛋碰石头，不自量力的做法会给自己带来严重伤害。

推而广之，在教育孩子的问题上，父母应该让孩子掌握正确的判断能力，学会正确评估自己。在教育问题上，父母对孩子期望值过高，这是一个误区。比如，父母为了让孩子考上大学，逼着孩子在高考独木桥上死挤硬拼，一点也不体会孩子的志向和理想，结果给孩子带来了巨大压力。

反过来，孩子对自己期望过高，也会带来消极后果。比如，考试成绩没有达到预期目标，孩子很容易心理失落，如果看不到自己的进步，单纯进行自责，则会让自己陷入抑郁状态中，严重的时候还可能引发各种心理疾病。

对孩子来说，做超出个人能力范围内的事，无异于一场灾难。从自身安全角度考虑，孩子还不具备成人的行事能力，对眼前的局面缺乏全面、客观的判断，如果不考虑个人承受能力，很可能面临危险。

6. 引导孩子说“我会自己想”

一般来说，对自己不知道的事物，既不可轻信，也不可不信。轻信他人的话，就会让自己失去独立思考的能力，甚至传递错误的消息；如果不相信他人的意见，又会让自己闭塞起来，得不到丰富的信息。

在教育孩子面对外界信息和事物的时候，应该让他们学会分析判断，必要的时候进行调查研究。这样一来，孩子才能成为一个有主见的人，学会正确判断，掌握自己的学习和生活。

许多孩子和父母都看过这样一个动画片：一个老翁卖货归来，他让孙子骑驴，自己步行。路上的人责备孩子不该自己骑驴，让老人步行。他们赶忙交换了位置，可又有人说老翁太狠心。老翁忙把孙子抱到鞍上，俩人一同骑驴。这时又有人说他们太残忍，快把驴压死了。无奈，他俩只好步行，不料又有人取笑他们有驴不骑是傻瓜。老翁长叹一口气，对孙子说：“看来，咱俩只好抬着驴走了。”

这是根据印度一则寓言改编的动画故事，讽刺缺乏主见的人。其实，在生活中，孩子处理身边的事物时也常常举棋不定。父母要引导孩子学会正确决策，否则就容易成为一个优柔寡断的人，难以成就大事。

李小菲是初一的学生，她的化学知识特别好，被选为学校的代表和其他几个同学参加市里的化学竞赛。爸爸和妈妈非常高兴，为她准备了行囊。但是，最近班里有人对李小菲议论纷纷，说她“出风头”、“不照照镜子，看看自己是不是那块料”，本来就有点内向的她听了这些风言风语，不禁犹豫起来。李小菲早就担心自己能不能取得好成绩，如果比赛回来成绩不好，那多没面子啊。

陷入焦虑的李小菲最终向学校提出退出竞赛。可是，又有人议论她是“胆小鬼”、“根本就不能胜任化学竞赛”。而老师在了解到情况后，也劝她不要有顾虑，重要的是积极参与。受到鼓舞的李小菲于是又决定参加竞赛。谁知道，又有人说：“她代表咱们学校去竞赛，如果失败了，看她怎么面对大家？”

就这样来来回回折腾了好几次，李小菲最终宣布彻底退出竞赛，不久还病了一场。李小菲不善于在关键时刻“独断”，结果丧失了难得的竞赛机会，而犹豫不绝的个性则扰乱了她的心性，影响到正常的学习和生活。

由此可见，孩子在成长过程中，必须培养有主见的个性。特别是在一些关键问题上，进行最后决策的时候，孩子更要依靠自己的判断进行取舍，而不能盲目听从他人的见解；否则，不能形成一个准确的判断，任何事情都无从进展。

“凡谋事贵采众议，而断之在独”，孩子从小不具备行事果断的作风，那么长大后就很难抉择。失去了选择的能力，结果将是碌碌无为，一世无成。

美国总统林肯任职以后，有一次和六个幕僚在一起开会，提出了一个非常重要的法案。在征询大家意见的过程中，出现了看法不统一的情况，于是大家围坐在一起热烈地争论起来。客观地说，每个人的意见听起来都有道理，但是林肯还是认为自己的见解更周全，也就是说，他认为自己是正确的。

经过一番激烈的争论，终于到了最后决策的关头，林肯坚持按照自己的意见决策。结果，六个幕僚联合起来一致反对。尽管如此，林肯还是不妥协：“虽然你们都表示反对，但是我仍然宣布法案通过了。”林肯这种做法表面上看忽视了大多数人的意见，是一种独断专行的行为。其实，他之所以这么做是有周密考量的。

原来，林肯仔细研究了六个人的意见，发现他们都存在着纰漏，而只有自己的方案最合理。此外，林肯认为领导人在作出决策的时候不仅要善于发扬民主的作风，还要在关键时刻坚持正确的意见，哪怕它得到少数人的拥护。就这样，林肯坚持己见，力排众议，在关键时刻作出了真确的选择。

因此，父母要从小注意培养孩子独立思考问题、正确决策的习惯，帮助他们掌握决策的技巧，让孩子学会“我会自己想”。在鼓励孩子独立思考方面，父母有很多事情可以做，最简单的就是倾听孩子叙述自己的想法。尽管孩子的想法常常是天真、幼稚甚至可笑的，但是父母一定要克制自己纠正孩子意见的想法，而应抓住孩子谈话中有趣的、有见解的论点，鼓励他们深入阐述下去，让孩子获得思考的乐趣，增强他们探索的信心，并培养孩子有主见的个性。

一般来说，孩子迈出第一步都是需要勇气的。在这里，父母要培养孩子独立思考的习惯和自信心，才能让孩子善于思考问题，敢于大胆想像。比如，父母要鼓励孩子编故事，讲故事。美国著名的儿童智力发展研究专家——简·海丽特在《如何更聪明》这本书中认为：“鼓励孩子编故事对孩子不仅是一种语言训练，更重要的是帮助孩子运用自己的想像与推理能力，得到出人意料的结论。”

此外，父母还要给孩子各种“表演”的机会，让他们多参加各种集体活动。孩子如果生性腼腆，羞于出头露面，那么他们就难以表达个人想法，甚至产生自卑心理。在这种情况下，父母可以让孩子多参加一些业余的表演训练，以及学校组织的演出，或者家庭举行的歌唱晚会，从而增强孩子表达的自信，让他们敢于大胆思考和行动。关于这一点，是有心理学依据的。心理学家特别提出：“表演对增强人的自信与自在能力有重要作用。”

7. 培养孩子处理事情的能力

一个人有了才干，才能生存和发展，才能帮助他人，实现更大的价值。因此，在教育孩子的时候，父母一定要注重对孩子才能的培养，注意增强他们遇事、处事的能力。实际上，家庭就是一个小社会，父母注意在生活中让孩子学会观察、思考、分析、判断、执行，能充分锻炼他们解决问题的能力，早日累积生活经验、锻炼做事的才干。

评价人才有一个重要标准，就是“德才兼备”。一个人品德再好，如果没有一定才干，那么只能是个庸人，在这个世界上碌碌无为。人生中有许多美丽的风景等待我们去欣赏，所以父母要注意从小锻炼孩子，增长他们的才干。

一个人的才干有不同的表现方式，一个做大事的人担任国家职务，影响到社会发展，所以有“人才兴则国兴，人才败则国衰”的说法。而在现代社会里，国际竞争说到底是经济、科技、文化、管理等领域人才的竞争。对那些行业精英来说，除了掌握专业知识以外，更重要的是对本领域的发展前景、科学管理有实际处理能力。掌握科学知识固然重要，但是不善于根据实际问题提出解决方案，不善于进行科学规划，只能成为某方面的专才，而不能有更大的作为。

所以，父母除了督促孩子掌握书本知识以外，更要引导他们学会与人打交道、学会分析问题、做出正确决策，从而有效解决问题。

几个小伙伴参加春游的时候和队伍失散了，大家最后迷了路。有几个女孩绝望了，开始哭起来。这时，10 岁的方亮坚定地对大家说：“我不会在这里等死，听说顺着河流的方向就会走出树林。大家跟我一起走吧。”

就这样，几个小伙伴在方亮的带领下，顺着一条小河往前走。经过艰难跋涉，大家最后终于走出树林，转危为安。方亮赢得了伙伴的认同，大家都说他有本事，是一个办大事的人。

方亮年纪还小，但是他表现出了超越同龄人的做事能力，难道他天生有这个本事吗，为什么其他小伙伴不具备这种能力呢，为什么书本上没有教这种知识呢？其实，任何人的能力都是培养和锻炼出来的，重要的是父母是否善于开发孩子这种本领，有没有这种意识。

从根本上说，我们为什么要教育孩子呢，为什么要让他们学习各种本领呢？当然是让他们具备解决实际问题的能力，能够自己独立判断、思考、决策，从而更好地生存和发展下去。所以，父母要善于在生活中、在点滴之间培养孩子处理事情的能力，启发他们自己解决问题。

在这里，父母要转变观念，采取以下行动：

(1) 让孩子扮演一定角色，处理力所能及的问题。

任何人在社会中都会扮演一定角色，而当他具备了这种角色意识后才能承担相应的责任，行使自己的权力。许多父母想当然地认为孩子就“孩子”，不能做其他事情，这样一来就失去了让他们锻炼的机会。所以，父母要鼓励孩子在学校或家庭里担任一定的职务，这样他们就会深入到角色中，想办法把事情做好。

(2) 帮助孩子做好规划。

人们在做事之前都要有一个大体的规划，进行深思熟虑。孩子之所以办事能力差，是因为他们不善于进行总体规划，不善于综合处理各种问题。因此，父母要从小培养孩子自己做规划的能力，即使规划不完善，出现了各种问题，也可以进行总结、修正，这样就能使他们的规划能力逐步得到提高。比如，让孩子自己安排周末的事情，并把内容写在本子上，这样不但让孩子具备时间观念，还能调动他们做事的积极性，而不是被动接受父母的指派。

（3）让孩子去探索问题，增长经验。

人类从树上来到地上，就一直不断探索，最终创造了今天的伟大成就。孩子来到这个世界上，对周围的事物充满了好奇心和求知欲，父母应该引导孩子去发现问题、解决问题，而不要在意最后的结果。其实，生活中往往是大人们适应固有的生活节奏，缺少探索周围世界的兴趣，所以父母要避免让自己的观点影响孩子，避免扼杀他们的求知欲。

一个人处理事情的能力，决定着他将来的发展空间有多大。因此，父母要把孩子看作一个能够做事、可以做事的人，培养他们做事、处理问题的能力。

8. 学习、做事都要脚踏实地

著名作家詹姆斯·米彻纳说过："人一辈子中所进行的最漫长的旅程就是：找到自我。如果在这一点上失败了，那么无论你找到了别的什么，都没什么意义了。"在家庭教育中，让孩子掌握自己的世界，让他们控制自己的情绪，最重要的就是让他们正确认识和评价自己，能够脚踏实地地学习、做事，从而不断成长、进步。

东汉时期的王充是一位杰出的哲学家、思想家，他写作的《论衡》是宝贵的精神财富。在这部20多万字的著作里，作者论证了潮汐与月亮运行的关系、云雾与雷电形成的原因等丰富多彩的科学知识，在批判鬼神思想的同时鲜明地提出了无神论的观点。而这一伟大作品的问世，凝聚着王充30多年的心血，以及他对许多自然科学知识的探索，这些成就的取得都离不开他的踏实做事。

根据史料记载，王充从小就聪慧好学，尽管家境贫寒，但是父母仍然想办法让他上学念书。后来，成绩优异的王充被保送进京都洛阳太学深造。在知识的海洋里，王充没有追求浮华的内容，而是把所有的精力都放到了勤学苦读中，比身边的人都踏实。而当太学里的知识不能满足自己的需要时，王充更积极主动到外面的书坊里苦读。王充这种踏实学习的做法使他积累了丰富的知识，为后来的成功写作奠定了坚实的基础。

生活中，有的孩子在学习上始终没有什么起色，往往不是孩子不努力、不上进，而是学习目标定得太高了，超出了自己的能力范围，也超出了科学的学习进度。当孩子没有实现自己的预期目标时，他们就容易在心理上引起各种复杂情绪，结果增加了思想负担。一旦陷入恶性循环，孩子就会自暴自弃，难以在学习上长进了。

事实上，心智健康开始于自我了解和自我接受。孩子在做任何事情之前，都应该了解自己的需要、情感、价值、目标、处事方式和梦想，这样才能有的放矢，循序渐进，成功掌握自己前进的步伐，否则就要遭遇挫折，甚至让自己的远大目标成为“黄粱一梦”了。

父母要让孩子明白，实现自己的预期目标，必须借助脚踏实地的行动才能完成。在正确评价自己的基础上努力付出，才能有所收获，否则只能浪费宝贵的时间、虚度光阴。

(1) 父母要注意提高孩子辨别是非的能力，根据实际情况决定自己的行动。当孩子的认识能力提高后，他们辨别是非的能力也会相应提高，从而朝着正确的方向发展。任何时候，正确决策都是正确行动的前提和基础，孩子什么时候不再盲目地想问题，就能做自己应该做的事，并且做出成绩。

(2) 培养孩子认真、踏实做事的习惯。踏实做事是所有成功者的共同品质，通常他们能够专注于某一领域，因而在自己的行业里做出了突出贡献。许多孩子过于浮躁，在学习上追求捷径，在做事的时候缺乏理性思考；因此，父母要引导孩子识大体，懂得踏实做事。在这里，可以让孩子确立明确的目标，而后制定周密的计划，这样就容易循序渐进走向成功。

9. 让孩子明白“成长必须靠自己”

让孩子成为有主见的人，就是让孩子掌握自己的世界，让他们明白“成长必须靠自己”。道理很简单，当孩子学会了控制自己的情绪和行为以后，就能以更高的创造力和自我指导能力把学习搞好，更融洽地与人相处，早日成熟和独立。

现在，越来越多的父母参与到孩子的学习中来，包括给孩子请家教。通过这种方式，的确可以调动孩子的积极性，帮助他们解决学习中的困难。但是，父母应该明确，无论学校教育还是家庭教育，根本目的是调动孩子的积极性、激发孩子的潜能，让他们自我成长进步。如果孩子不能明白这一点，光靠外界力量督促他们学习，即使学习成绩良好，将来到社会上还是难以积极主动应对各种挑战。

比如，有的父母为了让孩子积极主动学习，采取了给孩子打分的做法。这有效避免了机械地检查家庭作业的缺点，一定程度上让孩子主动积极起来。但是，一段时间以后，孩子适应了这种形式，就会对这种做法感到厌倦。

所以，父母应该明确，孩子最终要依靠自己的力量成长进步。在引导孩子学习、生活的同时，父母要让孩子学会独立思考、学会自我调节。

具体来说，让孩子主动学习，必须让他们觉得所学东西与自己的生活休戚相关。明白了这一点，父母就不必把精力投入到具体的知识演练上去了，而是尝试着让孩子从生活中感受所学的知识。为什么一些孩子对学习提不起兴趣来，一个重要原因就是，孩子学的都是与自己日常生活无关的东西。学习内容决定了孩子是否愿意接受，这符合心理学的一般规律。

美国一位心理学家对生活在城市郊区的孩子进行了研究，发现只要内容有意义，孩子都能积极主动学会、学好。通过调查发现，那些挣扎在贫困线上的孩子，总是在街道角落里卖糖果，用挣来的钱购买基本生活必需品。这位心理学家发现，虽然这些孩子没有正式上过学，但是他们都有自己一套计算法，用来进行复杂的运算。

在上面这个调查研究中，孩子正是依靠自己的力量，在生活中学会了生存技能。而这个故事也告诉父母，当孩子的学习与生活结合起来的时候，他们就能积极主动学习，并把知识学好。

让孩子从生活中学习，把学习与生活结合起来，孩子就能获得主动进取的力量。当然，父母在关键时刻还是要让孩子自己决策，让他们自己掌握个人命运。这是让孩子实现自我成长的更高层次要求。

刘鹏高中毕业那年，在选择上大学，还是上职业技校这件事上陷入了矛盾。一方面，社会上竞争压力、就业压力加大，许多大学毕业生难以找到好的职位，难以适应职业化发展的社会趋势；另一方面，刘鹏想掌握一门技术，真正做到学以致用。但是，同学们都选择了到高校深造，这让刘鹏举棋不定。

最后，刘鹏向父母求助。爸爸和妈妈没有给孩子最后答案，而是让他选择自己的道路。后来，爸爸对身边的朋友说："在和刘鹏谈话前我们也考虑了一番，尽管孩子的选择和自己预料的不一样，但我们尽量避免这一点的影响。最重要的是，孩子要学会自己思考问题，选择人生道路。"

刘鹏的父母在培养孩子的独立意志方面是成功的。孩子在为前途做打算的时候，没有去想"父母会不会喜欢"，而是注重如何去设计自己的未来之路，可以清醒地作出选择，去实现心中的理想。几年后，刘鹏在职业学校毕业了，顺利进入一家大型汽车维修公司，开始了顺畅的职业发展生涯。果然，刘鹏依靠自己的才华和认真负责精神，在工作岗位上取得了巨大成绩。

哲学家黑格尔说过:“伟大的人们立定志向来满足他们自己，而不是满足别人。”真正具有独立精神的人对自我意识有一种强烈的需要，所以他们能够依靠自己的力量不断成长进步，掌握了个人命运。

(1) 做一个有见解的人，坚持自己的主张。在生活中，我们要确立自己对事物的正确看法，在思想上实现独立，避免人云亦云。

(2) 当孩子遭遇到他人的抵触时，必须善于表达自己的意见，进而说服对方，检测决策的正确性。孩子经常会遇到这种情况，自己的决策一提出就有反对者，这时候应该耐心说明自己的见解，使反对者变成赞成者。

第八章

好妈妈的挫折训练：培养孩子迎难而上的坚强意志

当孩子面对难题或遭遇失败时，家长大多包办代替，久而久之，孩子就会缺乏克服困难的勇气和智慧，形成心理上的依赖。缺乏独立自主能力与心理承受能力，很难适应未来社会发展。因此，好妈妈让孩子主动受挫，培养他们迎着困难而上的坚强意志。

1. 给孩子上好挫折教育这堂课

孩子在成长过程中遇到各种挫折，是再正常不过的事情了。一位儿童与青少年问题研究专家强调说："孩子们并不知道，当一些比较糟糕的事情发生时，比如孩子输掉了一场重要比赛，或者最信任的朋友背叛了自己，这并不意味着世界末日到了。如果孩子永远摆脱不了消沉的情绪，那么这一次小小的失败将摧毁孩子的一切。"

因此，帮助孩子正确应对挫折，是父母教给孩子的一项最重要的技能。然而，许多父母在生活中并不愿意让孩子经历苦难，而是千方百计地为孩子设计充满笑脸和鲜花的明天。结果，面对生活的无情时，孩子常常因为缺乏应对挫折的能力而自暴自弃，逃避退缩，永远不会获得幸福。

在日本，学校会定期向学生供应清汤萝卜、粟粒煮成的"饥馑午餐"，目的是让他们了解父辈的艰苦生活。每年，日本都有一些有钱的人花钱让孩子到中国来参加夏令营活动，孩子们肩负沉重的背包到各地走一走，尝尝吃苦的滋味；野外，他们还把孩子放在荒岛上，让孩子懂得什么叫饥饿，让他们学会求生本领。

在韩国，家长同样也很注重从小锻炼孩子的意志，增强孩子应对挫折的能力。通常，家长给孩子穿上羽绒服，让他们在冰窟窿里呆上一阵儿再出来，让孩子懂得"寒冷"的滋味。孩子经受了各种"磨难"，就会在心理上增强承受压力和困难的勇气，遇到挫折、失败的时候就不会逃避和自暴自弃了。

所以，在孩子成长的过程中，父母要及时给孩子设置挫折教育课，让他们学会面对挫折，学会承受失败。在中国，父母对孩子的挫折教育显然做得很不够。由于父母的娇宠，许多孩子的心理承受力相当脆弱，一点点小的挫折或失败就有可能酿成一场灾祸。比如，有一个8岁的男孩，平时在家里很得宠，在学校里还当上了班长。有一天，他让妈妈买变形金刚玩具，遭到了拒绝，一气之下竟然用红领巾上吊自杀了。孩子的心理脆弱到这种地步，怎么能承担更大的责任、做出更大的成就来呢！

一帆风顺长大的孩子，很难创造出生命的辉煌。从现在开始，父母要注意培养孩子承受挫折的能力，受到挫折后的恢复能力和百折不挠、不向挫折屈服的精神。

(1) 帮孩子树立"我能行"的积极态度。

当孩子遭遇挫折的时候，父母要微笑着说："来吧！你肯定行！"这种激励和期待比什么都管用。要知道，孩子第一次学走路就是在这样的鼓励下开始的。当他们跌跌撞撞扑向父母的怀抱时，父母鼓励的微笑和成功的喜悦交织在一起，那是世间最大的幸福。

父母怎样看待孩子，孩子就会怎样看待自己。孩子遭遇挫折和失败以后，父母要善于"漠视孩子的失败"，鼓励他们摆脱挫折情绪的干扰。当然，更重要的是，父母要帮助孩子掌握解决问题的能力。

(2) 让孩子经受磨练，避免对他们过分娇纵。

正如一位教育专家所说的那样："当问题出现时，父母们便急切地站了出来，亲自为孩子解决，连一个让孩子去发现自己也有力量，使不利境况得以改善的机会都不给。"在此，父母朋友们必须意识到：大人无微不至的关怀，只能让孩子一次次地失去成长与进步的机会，无法从挫折和失败中获得有益的启示。

巴尔扎克说过:“苦难对于人生是一块垫脚石，对于能干的人是一笔财富，对于弱者是万丈深渊。”承受挫折的良好心态，是在童年和青少年时受过挫折并不断地解决困难中磨练出来的，是一个人素质高低的重要标志。作为父母，要注意从小让孩子经受各种磨练，避免对他们过分娇纵。

(3) 帮助孩子把挫折变成财富。

哈佛大学的毕业生罗纳德·皮尔经常对别人说：“只要坚持下去，总有一天情况会好转的。”事实的确如此，失败的教训、苦难的环境磨砺了人们的意志，会让人越挫越勇，最终实现远大的发展目标。

孩子遭遇挫折以后，会在心理上引起不舒服的感觉。但是，只要意志坚定，善于总结教训，就能从中获取有价值的东西。

(4) 帮助孩子走出失败的阴影。

孩子面对挫折和失败，会出现两种不同的结果：重新振作精神与一蹶不振。令人遗憾的是，有的父母在孩子遭遇挫折后选择了抱怨、奚落，结果极大地挫伤了孩子的锐气，使他们丧失了重新振奋精神的动力，终日生活在失败的阴影里。

好妈妈懂得鼓励孩子，引导他们发现自己的优点和长处，从而充满自信地迎接失败的挑战。当孩子失败的时候，父母要帮助他们从事件本身解脱出来，不要对孩子讲:“这次你把事情都弄糟了，怎么搞的？你都忘了应该怎么做了吗?”正确的做法是，让孩子从错误中总结经验和教训，而不要因犯了错误而使自信心受到损伤，甚至受到摧毁。

2. 不要“严惩”淘气的孩子

著名作家冰心说过一句话：“淘气的男孩是好的，淘气的女孩是巧的。”孩子淘气是很正常的，“淘气”中潜在着求知的渴望、认识的提高和智能的发展。孩子“淘气”的时候，往往在通过观察、触摸、谛听以及联想，发现周围世界的秘密，从而使自己的视觉、触觉、听觉、嗅觉、味觉都得到锻炼和发展。

马上就要搬到新家里了，妈妈带着小明去买家居用品。本来，妈妈这几天一直到处跑，已经够累的了，根本不想带着小明这个淘气包。然而，她经不住孩子死缠硬磨，最终答应了。

小明和妈妈来到卫浴产品大厅，准备看看马桶和浴盆。看着里面漂亮的洁具，他充满了好奇心，忍不住把小手递过去，这里摸一下，那里抓一把。小明回头一看，只见妈妈正在和导购员交流。于是，他胆子更大了，随便动起这些吸引人的产品来。

刚开始的确好玩，后来小明产生了一个疑问，马桶为什么能够工作呢？他想看看里面有什么秘密，于是翻弄起来。正当小明玩得最有兴致的时候，只听哐当一声……他一不小心把简易洗手盆打翻了，而盆子翻下来的时候刚好砸到了旁边的抽水马桶，还把小明的额头撞了一个大包。

意外发生以后，小明顿时蒙了。只觉得额头火辣辣地疼，他禁不住嗷嗷大哭，妈妈急忙跑过来，心疼地问碰到哪儿了。当然，除了额头受伤以外，小明更多的是害怕，因为自己闯祸了。

果然，不出小明的意料，导购员开始和妈妈商议损坏的马桶怎么处置。听说要照价赔偿，妈妈狠狠地瞪了小明一眼，吓得他把头转到了一边。结果还没买马桶，就先搭上了一个。妈妈索性对小明说："还哭呢，都怪我没有看好你。看来咱们和这个马桶有缘，干脆就算买了它吧，碰掉的那块瓷，就当个纪念了。"

回到家以后，小明要么静静地坐在沙发上看电视，要么回到自己的屋子里呆着，不敢大声说话，也不敢乱动。因为他知道，今天闯祸了，所以变得特别乖。

许多时候，淘气的孩子对爸爸妈妈来说可能是一种负担。因为，他们不仅要照顾好家庭，还要面对工作中的压力。有时候，父母可以对淘气的孩子耐心教导，但是孩子频繁地招惹是非，可能会让父母失去耐心。在这种情况下，许多父母就会对屡教不改的孩子失去信心，甚至将其视为"害群之马"急欲推开，于是采取权威压制的做法。

对父母来说，通过斥责、严格限制，或许能让淘气的孩子变得"老实"；但是，这种教育不是万能的，它可能已经损害了孩子的进取心、探索能力，从孩子成长的角度来看，奉行这种教育又是万万不能的。

孩子在"淘气"的过程中，积累了生活经验，提高了思维能力，逐渐认识了纷纭复杂的大千世界，从无知变为有知，从愚昧变得聪明，从幼稚发展为成熟。这既是一种内在的冲动和需要，也是个人成长的必然结果。因此，父母要尊重孩子不可遏制的求知欲，无所顾及的探究欲和大胆的不拘一格的开创精神。

孩子"闯祸"的背后往往隐藏着探索精神，淘气的孩子可能是未来各行各业的能手，甚至是独树一帜、卓有成绩的专家、学者。所以，淘气并非坏事，它绝不等同于捣蛋与过失。对淘气的孩子，父母要善于包容，避免对他们横加限制。

有一个6岁的男孩，把妈妈刚买回来的一个自动玩具拆散了。后来，他多次想把玩具重新组装好，但是没有成功。爸爸回到家，看到地上散乱的玩具，生气地把孩子斥责了一顿，吓得孩子委屈地躲在自己的小屋里落泪。

妈妈回来后，知道了具体情况，立刻把玩具零件拿出来，然后饶有兴趣地帮助孩子把玩具装好了。孩子高兴得跳起来，还清楚地说明了这个玩具为什么会自动跑。妈妈听了非常高兴，爸爸也不住地点头。

孩子犯了过失怎么办？要坚持多劝诱、多疏导、多示范的教育方法，让孩子明辨是非，鉴别对与错。更何况，上面这个故事中的孩子之所以淘气，是在研究自动玩具的秘密。对此，父母只能以包容的态度，鼓励孩子，而不能干涉和斥责。

许多父母都有这样的体会，和淘气的孩子在一起，总感觉到他们有闯不完的“祸”，让人生气，有时甚至大动干戈。其实，以包容的心态来看，孩子的“祸”事隐藏着孩子对这个世界的好奇心，是他们渴望了解世界、探索世界的冲动。聪明的父母每个星期都要抽出时间和孩子们一起玩耍，努力引导淘气的孩子，鼓励、帮助他们发现这个世界的秘密。

当然，孩子们的淘气有时也存在着一定的破坏性，甚至是危险性，而这一点又是他们所始料不及的。当孩子被强烈的好奇心驱使，一心一意地去探究时，往往是“忘我”的，不计后果的，待到严重的后果呈现后，他们才会有惊恐的心理产生。这时，父母就要学会教导孩子认识“淘气”可能带来的危险，远离潜在的意外伤害。

3. 避免对孩子侍宠而骄

多子女家庭对待自己的孩子，应该一视同仁。独生子女家庭，对孩子也要避免过于偏袒和宠爱。原因很简单，受宠的孩子会产生一种与生俱来的优越感，生活中骄横任性、不知自律。这对他们的成长会带来许多负面影响，也不利于孩子身心健康。一些孩子成长过程中误入歧途，走了弯路，大多是侍宠而骄的结果。对此，为人父母者不可不三思。

现在的家庭大多是独生子女，父母宠爱孩子是人之常情。但是，因为过于宠爱导致溺爱，已经成为家庭教育中的一个通病。任何事情都要把握好一个“度”，所谓“过犹不及”，偏宠孩子很容易导致“侍宠而骄”，最终会害了他们。

殊不知，溺爱孩子的做法会让他们养成不听话、不守规则的坏习惯。从某种意义上说，是家长培养了孩子不听话的恶习。结果，孩子产生了这样的心理误区：只要胡搅蛮缠，妈妈就会满足自己的要求。

孩子我行我素，恐怕许多父母都无计可施。不同的是，有的父母会拒绝孩子的不合理要求，让他们懂得什么是对的、怎样做是错的；而另外一些父母不能应对孩子的撒泼耍赖，只得乖乖就范，让他们得寸进尺。

在孩子成长的过程中，父母要帮助他们约束、控制自己的情绪，而不能为了让孩子尽兴，就竭尽全力满足他们的种种要求。因为这种一味顺从的态度会鼓励孩子在自私的道路上越走越远，最终毁了自己的人生。如果孩子只看重自己的利益和要求，不在乎别人的需要，就不能正常与人打交道，更不要说与别人合作、走向成功了。

其实，最可怕的情形是，孩子被宠坏了，而他自己根本意识不到这一点。这样一来，他们就会习惯别人肯定的回答，并习以为常，一旦遭到合理、正当的拒绝，就会难以忍受，甚至走上极端的道路。

因此，父母要避免对孩子娇生惯养，学会给出否定的回答。由着他、顺着他、惯着他，可能暂时赢得了孩子的欢心，但对他们日后成长实在是一种灾难。生活中，下面这些行为会对孩子成长带来不利影响，需要父母加以警惕：

(1) 过于照顾孩子。父母照顾好孩子既是一种责任，也是一种义务。但是有的父母过于关照孩子，就值得商榷了。比如，家里有了糕点、水果等美味食品，只让孩子一个人享受，甚至不让爷爷、奶奶、姥姥、姥爷品尝。长此以往，孩子便认为一切好东西都理应属于自己，这种“吃独食”的心理一旦养成，日后很难纠正，会让孩子越来越自私自利。

(2) 孩子过于偏食。父母爱子心切，只根据孩子的爱好，而不根据孩子的营养需要进行喂养，使孩子形成“偏食”和“忌口”。有的孩子长期不吃蔬菜而造成习惯性便秘，有的孩子只吃某些单一食物而造成贫血，还有的不按时定量进餐而造成营养不良。这都是偏宠孩子带来的危害。

(3) 对孩子偏爱过多。在多子女家庭，父母对孩子的看法、态度往往不一致，主要表现为喜欢男孩或女孩，偏爱老大或老二，对自己喜欢的孩子过于看重，容易让他养成骄横自私的个性。

总之，父母不要染上“溺爱综合症”，对孩子首先要一视同仁，其次要避免偏宠。孩子的成长是一个漫长积累的过程，对子女的正确教育要从小开始。如果对孩子恃宠而骄，这种错误的做法得不到及时纠正，很容易让孩子养成各种不良习惯，影响他们在各个方面的健康发展。

4. 学习上遇到挫折时不能放弃

孩子在成长的过程中会遇到学习上的挫折，遭遇各种烦恼，通过读书思考、刻苦学习可以改变眼前的困顿局面；孩子在人生发展过程中遇到困难的时候，随波逐流、沉沦下去都是不可取的，发奋读书，等待时机，才是良策。所以，一个人陷入困顿的状态中，更要刻苦学习，才能最终找到解决问题的途径。

学习是反复练习、不断思考的过程，孩子考试成绩不理想，是很正常的事情，只要找到问题的根源，刻苦学习，就能改变眼前的糟糕情况。否则，因为一次、一时的考试成绩不理想就否定自己，甚至放弃学习，最终会一事无成。

我国著名的数学家华罗庚说："聪明在于学习，天才在于积累。"天才不是与生俱来的，而是后天努力与刻苦学习的结果。15 岁的时候，华罗庚由于家境困难而辍学。这对喜欢学习的他来说，是一个严重打击。但是，面对眼前的困境，他没有放弃，而是选择了自学。

回到家乡后，华罗庚一面帮着父亲记帐，一面用心钻研数学。经过六年半的努力，他自学完成了从初中到大学的全部数学课程，为日后在数学领域取得巨大成功奠定了坚实的基础。后来，华罗庚成为举世公认的大数学家，与他早期遇到挫折时不放弃的努力有很大关系。

读书是一件苦差事，要求人们忍受寂寞、苦思，乃至忍受恶劣的生活环境。在学习的过程中，孩子要完成思维的逻辑推理过程，经过了解、记忆、熟练运用等过程，会耗费大量时间和精力。遇到挫折的时候，考试成绩不理想时，许多孩子会因为自制力差选择退缩；这时候父母要鼓励他们坚持下去、不放弃，通过刻苦钻研、严于律己，度过难关，一步步接近成功的目标。

此外，将来孩子步入社会以后，如果在工作上遇到困难，也要坚持学习不放弃。生活中，有一些孩子十八九岁的年纪就参加工作了。他们过早地辍学，没有任何资本去和他人竞争。为了让自己更好地发展，找到一块立足之地，他们进入职业培训学校，掌握了一门专业技术，最终在工作中站稳了脚跟。

还有的人面对工作环境的变化，及时选择了培训，给自己充电，通过刻苦学习让自己找到了发展的新位置。陷入困顿状态的时候，不放弃，而是通过刻苦学习改变命运，让自己重新站起来，这才是积极的人生态度，这样的人才能永远立于不败之地。

由此可见，在学习上让孩子确立一种永不言败、永不放弃的精神，是父母的一项重要职责，这比让孩子掌握知识更重要。孩子有了这种精神、这种意识，即便在学习上、生活中遇到困难，也会奋起直追，等待时机来临的时候创造成功。

5. 通过读书摆脱成长的烦恼

孩子在成长的过程中会遇到各种烦恼，除了学习上的问题外，如何与他人相处、如何调整自己的心态、如何面对生活中的困惑等等，都需要找到合理的解释和答案。一般来说，孩子会向父母、老师、同学求教，解除自己的疑惑；其实，还有一个更好的方法，即通过读书找到答案。

读书作为孩子的良师益友，能够时刻帮助他们建立自信，积极乐观地面对生活中的各种挑战。所以，父母要引导孩子热爱读书，善于通过读书解决成长中的各种烦恼。

刘永明是我国第一个敦煌学博士后，他之所以能取得今天的成就，与小时侯喜欢看故事书、翻连环画有很大关系。

1966 年，刘永明出生在一个名门望族。由于家里有很多书，所以刘永明很小的时候就学会了看竖排文、繁体字的书，这为他日后扎实的古文功底奠定了基础。在书海里，刘永明不仅享受着知识的滋润，还潜移默化地明白了许多做人做事的道理，比同龄孩子更早地了解到这个世界的方方面面。

后来，刘永明考入兰州大学历史系、读完在职研究生、进入兰州大学出版社工作、到兰州大学敦煌学研究所，期间经历了各种挑战和困难。但是，他在读书学习的过程中找到了自信，取得了成功。刘永明说过："我曾经是一个自卑的人，但是我从踏踏实实的读书过程中逐渐找到了自信。”

大文豪高尔基曾经说过：“书籍是人类进步的阶梯。”对个人来说，这主要表现为通过读书可以培养个人的自信心，遇到挫折以后能够从书中找到奋起直追的动力。孩子在日常生活中难免遇到各种困惑、挫折，甚至是打击，通过读书他们能够从那些成功人物身上学习到战胜自我的可贵品质，也能找到解决问题的好方法，最终让自己重新振作起来。

更重要的是，孩子养成读书的习惯以后，就能经常通过读书激励、鞭策自我，很容易在遇到成长的烦恼时迅速找回自信心。这种“自我教育”对孩子的成长和发展是至关重要的。掌握了这种手段，他们就能勇敢面对残酷的现实，而不是选择逃避；遇到问题的时候，会主动寻找解决之道，并坚信自己会成功。总之，孩子善于从书籍里面寻找答案，就能妥善化解成长中的各种烦恼、始终积极面对人生，主动把握自己的命运，收获更多快乐和幸福。

生活中，我们经常可以从媒体上看到有的孩子离家出走、自残等，这些过激行为的发生固然有各种外部因素，但是从孩子个人成长与成熟的角度来看，他们显然缺乏自我约束、自我激励的良好心理和意识。而问题的关键是，他们不善于从阅读中寻找成长的智慧。

所以，父母要引导孩子会读书，善于从读书中找到自信，把自己提升到一个前所未有的高度。从长远的角度来看，这种教育还具有更深远的力量，它能帮助孩子应对未来更艰巨的挑战。

比如，当孩子走向社会以后，如果养成了阅读的好习惯，那么就可以每天利用十分钟时间去读一些书籍，在自修上下一分功夫，从而帮助自己在事业上得一分上进。经验表明，许多成功者在早期工作都很辛苦、薪水很低，但是他们比同龄人更懂得从书籍中获取智慧和力量，因此在不断累积中让自己日益长进，最终成就了一番伟业。

(1) 让孩子学会自我充电。一个人想要获得成长和进步，必须具备前进的动力，这集中表现为一个人的学识和知识水平。遇到难题的时候、陷入困境的时候，除了向他人讨教以外，通过读书增加知识含量、提升认识水平也是重要途径。父母要让孩子学会从书籍中获取智慧和力量，在不断学习的过程中让自己增值。

(2) 让孩子养成良好的阅读习惯，做到“严于律己”。在平时的练习和作业过程中，孩子往往处于被动局面，这样并不能取得良好的效果。引导孩子养成喜欢学习、阅读的习惯，才能最大程度上激发他们的积极性。此外，不管做什么事，“严于律己”都是获得成功的重要保证。所以在日常生活中，还要让孩子严格要求自己。激发孩子的主观能动性，让他们爱学习、爱读书，就能不断取得进步，有所收获。

6. 对女孩子也不能娇生惯养

“对孩子不能娇生惯养”，父母往往在潜意识中给“孩子”贴上“男孩子”的标签。因为受到传统观念的影响，大家都认为男孩子的确要多接受更多考验和历练，而女孩子则应该宠着点儿。

在这里，父母必须明确一点：对女孩子也不能娇生惯养。今天，许多家庭女孩“当道”，父母往往对女孩更加偏宠。其实，一些女孩在成长过程中不如男孩更出色，并非性别因素，也不是女孩本身努力程度不够，真正的原因大多是父母对女孩子过于娇惯。

美国心理学家曾经做过这样一个试验，让不同的妈妈和她的婴儿住在一间布满玩具的屋子里，对他们进行长时间的观察。结果发现，妈妈总是无意地喜欢把女孩子拉在手上，让她依偎在自己身边；而对男孩子则放任自由，让他们到处乱抓乱爬。

心理学家研究后指出，正是母亲对孩子不同的态度，使得男孩和女孩从小就在心理上受到不同影响，乃至对未来发展产生了潜移默化的影响。科学分析可以发现，妈妈把女儿拉到自己身边，已经在无形中开始培养女儿依附、顺从的习惯；而男孩子离开妈妈的活动范围，逐渐增长了独立、好斗、探索的能力。

这就不难解释为什么在小学时女孩比男孩容易获得好成绩，而步入中学以后女孩往往就显得力不从心了。仔细分析可以明白，小学教育有一个很大的特点，即要求学生听话、安静，思维方式主要是记忆，这些都适合女孩子从小培养起来的心理特色，而不适合从小就好奇、好动的男孩子。到了中学、大学，善于进行独立思考的男孩子就开始显露自己的优势了，而女孩子则逐渐呈现出劣势。

科学研究表明，男孩和女孩的智力在总体上不存在任何差异，成才的可能性对于他们来说同等存在。但是，如果父母对女孩子过于偏宠，不注意像对待男孩子一样培养她们的独立意识，那么她们就会在潜意识中自我娇惯——这样一来，就会影响自身的健康成长、失去许多发展机会。

因此，父母不能对女孩娇生惯养，而应让她们像男孩子一样经受挑战和磨砺。父母只有给女孩自我锻炼的机会，才能让她们在成长中不断长进、增加才干和本领，真正实现“望女成凤”的目标。

(1) 认识到娇生惯养的危害性。父母应该意识到，溺爱、放纵虽是一种人之常情，却会使子女遭到毁灭。“棍棒底下出孝子，蜜糖罐里淹死人”，溺爱正是儿童一切不良品行产生的温床。教育专家一再提醒父母朋友们：“有的时候，也许你对孩子的爱相反会害了他们。”这是一句非常中肯的意见，每个父母都应该牢记。

(2) 尝试着拒绝孩子。许多父母认为，孩子小时候不懂事，不知道约束自己的需求，长大了自然而然地就会控制自己的情绪了。其实，这是一种错误的想法。懂得约束自己，明白不能事事如愿，需要从幼年时期开始培养。因此，父母要敢于对孩子说“不”，而不能对他们肆意娇惯。

(3) 多让孩子吃些“苦头”。“天降将大任于斯人也，心先苦其心志，劳其筋骨……”，让孩子多参加体育运动，做些力所能及的家务，通过给他们找苦吃、找“罪”受，多经受一些磨砺，避免坐享其成，这样的孩子才会有出息。

7. 别过于看重分数，成长更重要

在我国应试教育的背景下，考试分数是孩子升学的敲门砖。所以，孩子和父母为了提高分数绞尽脑汁，一切唯分数是从。在这种心态驱使下，父母对孩子的考试分数看得比什么都重要。当孩子考试分数没有达到“要求”时，父母就不高兴，甚至打骂孩子，带来了严重危害。

其实，分数只是反应了孩子掌握知识的情况，在孩子成长的过程中，心灵、人格的成长更加重要。生活中，有的孩子因为学习压力过大离家出走，有的孩子因为升学压力自杀，各种极端的行为时常发生。那么问题出在哪里呢？一方面是考试本身出了问题，另一方面是孩子的心理成长遇到了问题。

孩子在父母的影响下过分看重分数，并把它作为评判个人成败得失的唯一标准，就容易走向极端，一旦考试不利甚至自我摧残。试想一下，这样的孩子将来走向社会以后，如果遇到更大的困难和挫折，又该怎样面对呢？孩子不具备应对各种挑战的心理、意识，只会寸步难行。所以，父母应该意识到，分数固然不能忽视，但孩子的成长更重要。

还有一个问题需要注意，过分看重分数，孩子就会为了获取高分数而不择手段。在这种情况下，考试作弊、投机取巧一旦发生，往往对孩子人格发展、道德培养带来危害，这与我们的教育初衷就背道而驰了。

的确，当前学校教育还有许多需要改善的地方，应试教育也确实存在很大弊端，但是父母在教育孩子的时候，不要给他们灌输“分数高于一切”的理念，更不能在孩子成绩不理想的情况下大发雷霆，施加更大的压力。让孩子得到成长和进步，在知识和能力之间获得平衡，应该成为所有父母朋友的选择。

具体来说，父母要帮助孩子把学习搞好，努力掌握好各门知识；同时，还要注意培养孩子待人处世的能力，锻炼他们解决实际问题的能力。而不能因为分数使亲情淡化，甚至遭遇危机。从某种意义上说，孩子每天都在进步，身心获得了愉悦的体验，感受到了人生的美好，这本身就是值得高兴的事，本身就是一种幸福。

（1）教孩子大胆行动，并坚信成功。

无论学习，还是做其他事情，都要亲自去做、大胆行动，而且过程永远比结果重要。在行动的过程中，孩子会体验到做事的步骤、技巧，学习改进的方法，从而增强自己应对复杂问题的能力。

（2）父母对分数要保持正确的态度。

父母的态度在很大程度上影响着孩子的判断和行动。父母要督促孩子把学习搞好，但不能过分强调分数，忽略孩子其他能力的培养。特别是在考试期间，父母更不能给孩子施加压力，应该帮助他们度过这段紧张时间，释放考试的压力。

第九章

好妈妈的理财课堂：理财技能让孩子生活得更美好

《富爸爸，穷爸爸》的作者罗伯特·清崎说："今天我们的教育体制已不能跟上全球变革和技术创新的步伐。我们不仅要教育年轻人在学术上的技能，也要教育他们理财的技能。这不仅是他们在这个世界上生存下去，而且是生活得更美好所必须具备的技能。"好妈妈培养孩子的理财能力，这是奠定他们未来财务自由的重要基础。

1. 提早让孩子学会攒钱

理财是一种非常重要的社会生存技能。一个人必须端正对金钱的态度，不能成为金钱的奴隶，要让金钱为我们服务。孩子年纪小，是养成攒钱这一好习惯的最佳年龄阶段。所以，父母要让孩子有意识地加入到理财行动中来。

王东今年 11 岁了，爸爸看着孩子一天天长大心里非常高兴。但是，孩子吃穿玩乐越来越讲究，甚至经常和同学们攀比，一点也不知道省着花钱，更不要说攒钱了。有时候，王东要零花钱，爸爸给少了，他还不高兴，对家里的物品丝毫不关心，也不懂得爱惜。爸爸看在眼里，急在心上。

爸爸有点担心，将来孩子长大了养成奢侈浪费的习惯，会毁掉一生的幸福；而且，现在经济不景气，家里的开销实在太大了。妈妈看出了爸爸的心思，也为孩子担心。后来，两个人商量了一番，决定让王东操持家里的财务，帮助他养成节省花钱、学会攒钱的习惯。

在一次家庭会议上，爸爸对王东说："最近家里花钱多，每月都入不敷出。现在我建议以后每月开一个家庭会，每个人都通报个人花费，然后根据家庭收入安排每个人的支出。"妈妈表示同意，并对王东说："儿子，你也是家里的小主人，而且我看到你们的课本上也有理财知识，正好能够理论联系实际，用到点子上来。"

王东眨眨眼，高兴地说："好啊，我也是家庭中一员，自然要参与理财。"就这样，一家人商量着家庭理财的计划，决心把家里的钱管好、用好。王东显得特别兴奋，对妈妈说："以后不需要天天向你要零花钱了。"爸爸提醒说："管钱没你想象的那么简单，一定要有计划地用钱，学会攒钱，才能细水长流。"

后来，王东在家庭理财计划中感受到了金钱的重要性和来之不易，体会到了爸爸妈妈挣钱的艰难，开始自觉节省开支，并注意攒钱解决燃眉之急了。

生活中，许多孩子不知道节俭开支，不懂得合理攒钱，在很大程度上是因为他们认为钱来得太容易。所以，父母让孩子持家理财、参加家庭理财活动，就显得很有必要了。通过真真切切地体验到理财的重要性，孩子才能学会合理开支、掌握攒钱等理财的方法。

通过让孩子参与家庭理财计划，孩子就能对家庭日常开支有基本的了解，对金钱的价值形成更深刻的认识。接下来，父母就可以帮助孩子建立自己的帐户，学习攒钱了。

刘亮每年生日那天，都会收到爸爸、妈妈、爷爷、奶奶、姥姥、姥爷给的钱，日积月累，一共攒了3000多元。为了让孩子懂得科学理财，妈妈为他开了一个银行账户，还帮助他每个月收集易拉罐、旧书旧报纸，换成钱以后存在账户上。并且，妈妈还建议刘亮每次花钱的时候都要限定一个数目，确保存款越来越多。

果然，刘亮有了自己的帐户以后，买东西的时候不再大手大脚了，开始注意精打细算。比如，刘亮发现学校小卖部的铅笔比超市的贵，于是他就在超市买，这样省下了一些钱。钱虽然很少，但是刘亮认为自己攒了钱，很有成就感。

其实，孩子在生活中养成攒钱的好习惯，都是从点滴之间开始的，就像刘亮那样从小事做起，逐步培养起科学理财的理念。因此，父母要有意识地引导孩子学会攒钱，帮助他们掌握正确的方法。

首先，要让孩子意识到攒钱的必要。孩子经常会喜欢上某件东西，而且非要买回来才罢休。这时候，父母往往感觉非常为难——答应孩子，那件物品并不值得买；不答应孩子，他却闹个没完。其实，父母不妨利用这个机会教育孩子平时注意存钱，引导孩子把剩余的钱及时储存起来，而不要乱花掉。

其次，要让孩子掌握攒钱的具体方式。比如，为了买上一件自己喜欢的东西攒钱，引导孩子学会在短期内攒足一定数目的钱；此外，还有建立长期攒钱计划，把攒钱纳入个人日常生活范畴。对后者来说，让孩子在银行建立个人帐户是非常必要的，有助于培养孩子攒钱的积极性，激发他们的热情。

再次，带孩子常去银行，让他们认识存钱的具体方法。在一些发达国家，当地的银行都有专门给少年儿童开立的帐户，所以孩子能够自由地存钱、使用支票和自动取款机。随着我国社会发展，商业会越来越发达，所以提早让孩子熟悉银行知识，让他们掌握使用银行存钱的方法是很必要的。

2. 不要让孩子成为金钱的奴隶

金钱是上帝，可以带人进入天堂；金钱是魔鬼，可以带人进入地狱。钱财对个人生存和发展来说，发挥着独特的作用；但是，它只是一个手段和工具而已。父母要让孩子追求财富，但不成为金钱的奴隶，才能健康成长。

正确的金钱观是科学理财的基础，孩子如果不能正确对待金钱，而是利欲熏心追逐金钱，就会在原则和道德面前丧失正确的立场，最后误入歧途。

教育孩子，首先需要父母成为称职的“老师”。一般来说，父母有怎样的思想观念，孩子就会成为怎样的人。因此，在对孩子进行理财教育、让孩子树立正确金钱观之前，父母先要检讨自己的金钱观，成为孩子的榜样。

其实，对孩子进行理财教育，首先是让他们正确理解金钱，处理好金钱与其他事物之间的关系，而后才是依靠聪明才智和技巧创造财富。那么，怎样帮助孩子树立正确的金钱观呢？银行家尼尔·高德佛瑞曾经给父母提出过这样一个建议：对幼儿进行游戏教育，让孩子从小认识钱币，学会找零钱；当孩子稍大一些后，可以带他们去购物，并和他们讨论所购物品的价格。

通过上面的方法，孩子能够理解金钱和商品之间的关系，理解它们之间只是一种交换关系，而不会对金钱盲目崇拜。当然，在让孩子正确对待金钱的过程中，父母还会遇到许多麻烦事。比如，带孩子购物时，如果不给他们购买想要的东西，孩子常常会生气耍赖。针对这种情况，父母可以在出门之前和孩子讲好“条件”，这样既尊重他们，又避免出现糟糕的局面。

除了上面这些灵活的技巧外，父母还要教育孩子在金钱面前做到诚实。《颜氏家训》里的南阳人家财积累富厚，但待人特别吝啬，这就是不诚实的表现。对金钱不诚实，言行不一致，这样做人就有问题了。

西方发达国家经济繁荣，除了当地技术进步、管理科学、法律完善外，一个重要原因是人们对财富有正确的理解，能够诚实地面对金钱。有了这种良好的基础品质，孩子就能成为一个健全的、正直的人，能够以自己的才华和努力创造财富，并在获得财富后懂得回报社会，形成了一种良性的互动。

在美国家庭中，为了让孩子诚实面对金钱，家长往往从下面几个方面对孩子进行教育和指导：第一，给孩子讲述现实生活中或书籍中的故事，表明诚实品格的重要价值，从而消除孩子可能产生的不诚实想法；第二，让孩子了解如何在金钱方面保持诚实的做法，比如在申报纳税方面严格按照规定去做，并告诉孩子偷税漏税等行为会受到严厉惩罚；第三，鼓励孩子诚实地面对金钱，允许他们犯错，并给予改正的机会。

孩子自制能力差，很容易贪图安逸的享受，不能经受苦难生活的磨砺。因此，父母要让孩子懂得节制自己的欲望、引导他们养成良好的消费习惯，而不能挥金如土，成为金钱的奴隶。

不同的家庭之间，收入水平是不一样的。孩子在学校里，经常谈论起家里的物质条件，房子有多大、车子是什么牌子，结果形成不良的攀比之风。有的孩子花钱请同学给自己写作业，这种做法更对学业和成长带来了巨大危害。孩子如果从小就对金钱顶礼膜拜，不能正确认识金钱的价值，日后必将走上歧途。

在这里，父母除了让孩子把注意力放到学习、正确交朋友上来，还可以给他们讲解一些成功财富人物的故事。比如，让孩子知道李嘉诚、比尔·盖茨创业的艰辛，让孩子明白财富不是从天上掉下来的，必须付出艰苦的努力才能获得。

此外，除了以聪明才智、辛勤劳动获取财富外，把财富反馈给社会，也是避免成为金钱奴隶的应有之义。比如，美国石油大王洛克菲勒在五十岁之前就成为亿万富翁，但是他没有只做财富的保管人，而是慷慨地捐钱给社会。

洛克菲勒非常清楚，自己的财富像雪球般愈滚愈大，如果不赶紧散掉它，不但会毁了自己，也会毁了子孙。所以，他接受助手的建议，先后设立了多个中介机构，负责安排捐款的流向。洛克菲勒一生之中共捐了五亿五千万美元，没有成为钱财的奴隶。结果，他在创造财富、捐献财富的同时，投入到充实的生活中去，滑冰、骑自行车、打高尔夫球。洛克菲勒到了九十岁依然身心健康、耳聪目明，日子过得非常愉快。

教育孩子以正确的态度面对金钱和财富，孩子才能真正明白生活的意义、人生的价值，拥有健康、积极的人生。

(1) 父母要尽早让孩子正确对待金钱。让孩子具备经济头脑，训练孩子养成良好的理财习惯，完全可以通过科学的理财教育实现。重要的是，父母要提早对孩子进行这种教育，才能让他们长大成人后对金钱抱有正常的心态，处理好人与金钱的关系。

(2) 父母要给孩子树立良好的榜样。通过带领孩子购物、让孩子参与家庭理财，可以让孩子对金钱不再保持神秘感，把它当作生活的一种工具。

3. 教育孩子学会花钱

在理财教育中，让孩子学会花钱、学会消费是很重要的。该花钱的时候舍得花，不畏手畏脚；不该花钱的时候懂得节俭，不浪费每一分钱。懂得节制，学会节俭，是在理财方面应该具备的基本素质。

随着生活水平的提高，人们在物质追求和生活方式等方面产生了新的要求。名牌消费、攀比消费、奢侈品消费进入大家的视野。受到父母盲目消费的影响，孩子也容易乱花钱，不懂得节制，结果很容易养成奢侈的消费行为。

在这里，父母要把简朴的生活作风教给自己的孩子，才能让他们远离贪图享受的价值追求，成为勤奋、刻苦、能做大事的人。

第一，父母要注意在生活中勤俭节约，给孩子发挥模范带头作用。比如，在饮食、服装等消费上，父母要做到节俭、不浪费，这样孩子才能耳濡目染，逐渐养成简朴的生活方式。

第二，要让孩子对物质生活容易满足，把主要精力放到学习、交友、游戏上来。实际上，孩子本身对物质生活并没有大人那样的迷恋，他们更在意的是游戏、快乐。所以，父母要让孩子多交朋友，享受精神上的快乐。

第三，让孩子合理支配自己的零花钱，给他们提供良好的建议。比如，给孩子零花钱以后，要让他们知道应花掉多少，应储存多少，具备科学理财的意识。

实际上，让孩子养成简朴的生活方式，最终的目的是让他们在科学理财的同时，实现健康成长。一个人的欲望是无限的，特别是在物质方面，孩子如果从小就迷恋金钱的获取和得失，那么势必在学习、品德方面缺少锻炼的时间。

生活中，孩子经常从父母那里得到大笔零花钱。但是，孩子不懂得计划、不知道节制，花钱的时候大手大脚，逐渐养成了乱花钱的毛病。乱花钱，这与科学的理财教育是背道而驰、格格不入的，因此父母首先要教育孩子学会花钱。

让孩子学会合理花钱的方法有很多，具体来说，父母可以参考下面的行动步骤，给孩子提供科学的指导。

（1）学会有计划地花钱，掌握财务预算的基本概念。

在理财上有计划性，这样做的目的是让孩子懂得：花钱必须在自己掌握的资金范围内进行，并且要保证花的每一分钱都值得，即要对自己的消费行为负责任。

许多孩子之所以乱花钱，就是因为他们的零花钱来得太容易，不懂得先计划好了再行动。一旦手中的钱花完了，能继续和父母要钱，孩子怎么能学会进行科学预算呢？因此，父母在给孩子零花钱的时候要计划好，给他们讲清楚这次只能给这么多，花完了就没了，引导孩子做一个预算表，买自己最需要的东西。

（2）让孩子了解商品的价格，并学会砍价。

商品的价格是多少、产品的质量如何、购买后能够使用多长时间……这些都是应该让孩子了解的内容。当孩子了解了产品的情况以后，就能根据自己的需要选择合适的产品，并合理使用手中的金钱。

有时候，孩子没有频繁地买东西，但是他们购买的商品使用价值不高，于是出现了“买而不用”的情况。从另一个角度来看，这也是在挥霍金钱，是乱花钱的一种表现。所以，让孩子了解商品的价格等因素，买对东西，是非常重要的理财教育内容。

此外，在对孩子的理财教育中，购物的技巧也是十分重要的训练内容。父母要让孩子学会在购物时学会讲价钱，能节省一分就是一分。

（3）让孩子学会观察生活，科学判断商家的行为。

买东西和卖东西是一个博奕的过程，让孩子学会买东西，还要教育他们学会判断商家的行为。比如，不要轻信对方的承诺。当商家的促销人员对孩子讲解商品的性能和价格时，要教育孩子根据自己的需要和商品的属性进行决策，千万不要被别人的承诺左右。

又比如，看到商家鼓动性的广告，孩子很容易禁不住诱惑随便买东西。为此，父母要教育孩子避免赶时髦、不轻信名人宣传、不受广告的诱惑，等等。父母要让孩子意识到，广告中存在夸大成分，必须小心谨慎。

4. 引导孩子学会适当借钱

遇到困难的时候寻求帮助，是生存的需要。向别人借钱，解决燃眉之急，是理财教育的内容之一。引导孩子学会适当借钱，目的是让孩子在借钱的时候遵循一定规则，学会处理好与他人之间的关系。

在中国人的传统观念中，有钱而没有债务才是富裕的象征。但是，在现代商业社会里，信贷消费已经成为一种发展趋势。比如，通过向银行贷款按揭买房，就是借款消费的典型代表。所以，让孩子学会适当借钱，帮助他们确立这样一种理念，是理财教育的需要。

实际上，借钱体现出的是人与人之间的信用价值。古代人们遇到困难时，通过向熟悉的人借钱，能够度过难关；等到自己有了钱以后再偿还，则是守信的表现。所以，在借钱与还钱的过程中，需要的是人际关系方面的知识。至于今天出现的信贷消费，则体现了个人信用的价值与应用。经验表明，在信贷消费中，个人信用是重要的参考指标，一个有信用不良记录的人是难以获得贷款的。因此，把孩子培养成一个诚实守信的人，是信贷消费的前提。

当然，对孩子来说，他们还没有固定收入，纯粹是一个消费者，也不存在还钱的可能。但是，父母要让他们明白通过借钱把事情办成的道理，明白适当借钱是一种正常的消费理念。更重要的是，借钱以后要按照约定及时还钱，信守诺言。

比如，给孩子买玩具时，孩子看上了一个价钱更高的。给孩子买，明显超出了预算，助长孩子这种风气可不行；不买吧，孩子闹个不停，也让他觉得很扫兴。这时候，父母可以让孩子跟自己“借钱”，比如把下次买玩具的钱提前预支，这次买了高级玩具，下次就不买了；或者把孩子下个月的零花钱拿过来，缩减孩子的花费。这样一来，就能达到买玩具的目的，还可以培养孩子提前预支、遵守信用的品质。

没有挣够或攒够所需的钱，而苦于不能够买到所想要的东西时，可以通过借钱达到预期目标。作为一种解决问题的方法，这可以成为孩子未来生存的一种本领。帮助孩子确立了适当借钱消费的理念以后，就要让他们认识借钱的具体方式。

除了向朋友和亲戚借钱外，在现代社会里，人们最常用的借钱方法是求助于银行、金融公司等提供专门借贷服务的机构。当然，它们在借贷前要考察当事人的信用状况。具体来说，要核实一个人的收入、工作经历以及个人信誉。只有当一个人的财务状况良好，并且有良好的信用度时，银行才会贷款给他。拖延付款或欠帐的人信用度低，在贷款时往往会遇到麻烦。让孩子明白上述内容，更有助于培养他们在做人做事方面诚实守信的品质。

此外，在借钱的时候，还可以采用“抵押贷款”，这是一种长期借钱的方式。一般来说，抵押贷款的贷款期限可长达 30 年，贷款人必须按月一部分一部分地偿还贷款本金和利息。当借款人不能按时还钱时，就可能被强制执行或被收没财产或房产。让孩子了解这方面的知识，也能增加他们对借钱消费的认识。

生活中，孩子借钱消费是一种比较遥远的事情，作为理财教育的内容之一，父母要让他们了解借钱的方式，更重要的意义则在于让孩子确立守信的意识，注意维护个人信用。

(1) 父母要把理财教育融入到做人中去。理财教育是关于金钱、财富的话题，但是从本质上来说，它处理的还是人与人之间的关系。以借钱为例，它反映出的是孩了必须有良好的信用才能在未来社会中生存和发展下去。

(2) 让孩子了解信用卡。父母要让孩子知道，信用卡是由银行发出的，用于识别有良好声望和地位的顾客的一张小塑料卡片。顾客可以使用它购物、消费，还可以凭借它超额使用银行里的存款而透支钱，实际上是向信用卡公司借钱。在这里，父母要让孩子明白，如果冲动地购物、不在信用限额内使用信用卡，消费的时候超出一定范围，是要承担风险和责任的，从而让孩子懂得克制消费，不盲目花钱。

5. 让孩子认识到金钱背后的东西

理财教育的目的是让孩子学会节俭、让财富得到增长。但是需要注意的是，不能让孩子只把目光放在财富、金钱上面，还要注意让孩子懂得如何持家，以及处理好家庭成员之间的关系。

其实，在家庭教育中，理财教育是“表”，教给孩子积累财富、合理使用财富，并懂得如何运用财富，才是根本。而在运用财富上，实际上是让孩子懂得如何做人、办事，让孩子认识到金钱之外的东西。学习理财，但不拘泥于金钱和财富，这是理财教育背后更深层的东西。

任何一件东西都有自己的价值。“价值”是财富、理财的基础，从某种意义上说，让孩子学习理财，其实是让他们认识每件东西的价值，而不仅仅局限于财富本身。

一般来说，孩子社会经验差，对身边事物的感受能力弱，不像大人那样懂得珍惜一草一木，所以在生活中要让他们切身感受“价值”的含义，懂得珍惜。

比如，父母给孩子购买玩具的时候，可以限定数量，让孩子在中意的玩具中选择一个；或者缩短购买玩具的频率，把每个月买一次，改为每两个月买一次。这样一来，孩子就会珍惜每次购买玩具的机会，懂得用心呵护玩具。生活中，有的家长不惜血本给孩子买玩具，即便投入再多，孩子也会失去兴趣，反而容易养成大手大脚花钱的恶习，助长奢侈浪费的风气，对孩了成长非常不利。

又比如，对那些年纪大一些的孩子，父母可以让他们从事一些力所能及的劳动，然后给他们一些零花钱，从而让孩子感受到金钱来之不易，对金钱的价值获得切身的体会。在美国，孩子小的时候就会利用早上宝贵的时间送报纸，从而挣零花钱。显然，这种教育使孩子认识到，必须通过劳动获得自己想要的东西。这样一来，他们就能珍惜身边的每件东西，意识到每件东西的价值，而不会随便浪费。

此外，教孩子学习爱惜别人的物品也是很重要的。比如，孩子因为疏忽大意把别人的物品损坏了，或者丢失了，要让孩子明白应该进行合理的赔偿，或者进行修理，或者用自己的物品赔付给对方。

通常，孩子认识每件东西的价值，确立了基本的“价值观”，就能珍惜身边的每件物品，懂得节约。而在进行理财活动时，孩子就能珍惜每一分钱，努力让财富得到增长。

曾国藩在家书中让家人帮助遇到困难的亲戚，提供物质上的帮助。显然，他看到了比金钱更重要的东西，那就是亲戚朋友之间的情谊。其实，不仅是情谊，真诚、守信等都是有“价值”的东西，它们比金钱更重要。让孩子懂得这一点，也是理财教育的应有之义。

关于金钱、财富、价值，是一个说不完的话题。在常人的理解中，理财教育就是让孩子懂得如何节省财富、让财富增殖；其实，从更深远的角度来看，理财教育应该包括“财富”、“价值”更广阔的内涵。比如，除了金钱财富以外，还有人生财富；除了货币价值以外，还有人生价值。让孩子认识到金钱背后的东西，才算从根本上完成了对孩子的理财教育。

有一个父亲买东西时，被找回 50 块假钱，他非常生气，而且心有不甘。后来，他想把这张假钱花出去，结果都没有成功。

一天晚饭后，他对两个孩子说:“我这里有一张假钱，你们谁有本事拿它买一样东西回来，我重重有赏!”大儿子比较老实，死活不肯去，怕被对方识破现了原形。小儿子很“机灵”，拿起钱就到路边的杂货铺里买了一包烟，还找回了零钱。这位父亲看了非常高兴，连夸小儿子聪明能干，比大儿子强多了。

显然，这位父亲利用人们对孩子的信任，把那张假币花了出去。殊不知，把孩子当作交易的筹码，甚至让他们去骗人，这实在是对孩子幼小心灵的亵渎。试想一下，孩子接受这种理财教育，怎么能确立正确的价值观呢？更重要的是，孩子只看到了金钱的价值，却没有看到诚实等做人品质的可贵，日后成长和发展过程中将会吃大亏。

理财教育，主要是针对“金钱”的打理，让金钱增殖，让财富增长。但是，父母在进行理财教育的时候，不能拘泥于此，更不能让孩子成为见钱眼开、见利忘义的人，否则这种理财教育就是失败的。

(1) 理财教育要避免让孩子陷入金钱的旋涡。在现代社会中，财富是个人价值实现的一种象征，凭借个人才干创造并拥有财富受人尊敬。教育孩子理财，实现财富增长，是现代家庭教育的应有之义。但是，我们要避免让孩子走进惟利是图的陷阱，因为这与我们遵循的理财教育理念是背道而弛的。

(2) 引导孩子正确认识财富和价值的内涵，除了认识金钱的价值外，还要认识人生价值，以及做人应该具备的可贵品质。孩子是纯洁的，有人把教育孩子看成是在一张白纸上涂色，这是很恰当的。我们不能仅仅让孩子认识到金钱财富的重要性，应该让孩子认识到价值的全部含义。这样一来，孩子的人生才能五彩斑斓，人格才会更健全。

6. 学会捐赠，了解慈善事业

学会捐赠，了解慈善事业，实际上是让孩子采取力所能及的行动，帮助他人。世界上那些富裕的人，创造财富以后大多选择从事慈善事业，帮助那些需要救助的人。通过反馈社会，这些人实践了自己的社会责任，真正掌握了财富的真谛。

创造财富和捐赠财富是一枚硬币的两面。我们从小就教育孩子长大后为社会做贡献，在理财教育中，父母要让孩子明白：长大后取得成功，在力所能及的范围内进行捐赠，是回报社会的最佳方式。

李伟是小学四年级的学生。有一天晚上看电视，得知有一个地方闹水灾，许多小朋友失去了家园和学校，需要救助。李伟非常想帮助这些同龄人，就把自己的想法告诉了妈妈。

妈妈听了非常高兴，以赏识的目光看着儿子。和爸爸商量以后，妈妈提议李伟把自己的零花钱和存钱罐里的钱捐献出来；并且把自己多余的衣服也拿出来一些，捐给那些需要帮助的小朋友。李伟听了很高兴，立刻行动起来。为了鼓励孩子，同时也为了尽一份力，李伟的爸爸妈妈也捐钱捐物，帮助李伟完成了心愿。

通过这次捐赠活动，李伟好像一下子懂事多了，爸爸妈妈看在眼里非常高兴。生活中，类似这样的捐赠活动非常普遍。父母应该引导孩子参加这些活动，让他们体验帮助他人的可贵。更重要的是，让孩子明白：提供帮助是富有爱心的表现，是一个人应有的可贵品质。

在这里，父母要帮助孩子确立乐于帮助他人的意识、让孩子熟悉捐赠的方式。捐赠或帮助他人必须是出于自愿、发自真心，因此父母应该让孩子懂得：钱除了储蓄和花掉之外，还可以捐赠给那些不能获得生活必需品、需要帮助的人。

为此，要让孩子具备下面这些观念：把自己看做社会一分子，努力参加捐赠活动；遇到需要救助的人，主动提供力所能及的帮助，因为对方比自己的处境更困难；不能因为不富裕就拒绝捐赠，重要的在于行动，捐赠多少没有关系。总之，通过捐赠活动可以让孩子早日成为一个富有同情心和责任感的人。

捐赠活动和慈善事业是一种善举，在这里，父母还需要进一步引导孩子，让他们认识那些提供巨额捐款的富翁们，明确从事慈善事业也是理财活动的内容。

例如，英特尔创始人之一摩尔及其妻子贝蒂已经捐赠 70 亿美元；盖茨立下遗嘱，把财富的 99%捐赠给慈善事业。通过这些生动的事例让孩子明白，一个人不但要善于创造和获得财富，在有了巨大财富之后还应该懂得回报社会，作出自己的贡献。

救助和帮助他人，是人类的美好理想。未来社会既是一个充分竞争的社会，也强调社会和谐，彼此之间团结互助。一个人如果过分强调自己的利益，不懂得回报社会，是很难赢得他人尊敬、取得更大成功的。

让孩子体验帮助他人的行为，相信一定能够收获愉悦的享受。道理很简单，慈善地对待别人，既包括物质上的帮助，更含有心理层面的支持。更重要的意义在于，帮助他人就是帮助自己。

因为，孩子通过帮助他人，体验到的是一种互助文化。帮助他人是与人为善的表现，是人与人和谐相处的要义，是一个社会良性互动的关键。相信孩子在捐助行为后面会想像到，不仅要在物质上帮助他人，还应该善于鼓励、关心身边的人；而当自己需要帮助的时候，别人才会伸出援助之手。

父母更应该明白，孩子懂得帮助他人，给身边的弱势群体提供救助，能培养爱心和责任感。那么，他们就能成为孝顺的人，会懂得关爱父母。因此，让孩子学会捐赠、了解慈善事业，实际上是让孩子掌握了理财之外的东西，那就是关于做人的道理。

(1) 培养孩子乐于奉献、关爱他人的意识。捐赠活动、慈善事业是以爱心为前提的，所以父母要注意在日常生活中让孩子培养爱心。比如，让孩子看望在医院里的亲朋好友、为视力不佳的人读报、帮邻居做些小事、为无家可归的人准备食品等，都能使孩子在参与中培养起爱心。

(2) 让孩子学会筹款，进行捐赠活动。比如，为他人洗车、收集报纸和酒瓶去卖钱、卖鲜花和贺卡等，都能达到挣钱的目的。这样一来，孩子就能通过自己的劳动获得一笔钱，进行有意义的捐助活动。

7. 通过理财教育培养孩子办事的能力

曾国藩在家书中说，家里的钱财再多也不能保证家族不断兴旺下去，因为财物终究有花光的一天；家里出了德才出众的人，才是家族兴旺的根本。在这里，父母应该明白，对孩子进行理财教育不是目的，培养他们做事的才能、让他们实现个人价值才是最大的成功。

在理财教育中，孩子学习到的是如何获得金钱、怎样让财富增殖，以及科学合理消费的技巧。毫无疑问，通过这一系列的活动，能够让孩子明白一个道理：必须辛勤劳动、用心经营，才能创造财富、获得成功。所以，父母在理财教育过程中，要让他们了解社会、适应社会，注意培养孩子办事的能力。

比如，在给孩子零花钱、合理使用零花钱的过程中，一方面要让孩子懂得财务预算，另一方面则要从小让孩子了解劳动与报酬之间的内在联系，并让他们意识到：想要获得金钱和财富必须付出努力，钱不会从天上掉下来。毫无疑问，这样可以培养孩子依靠辛勤劳动和努力获得报酬的意识，消除孩子不劳而获的思想。

再比如，让孩子积攒零花钱的时候，除了卖旧报纸、易拉罐以外，还要鼓励孩子外打工或者为别人提供服务获得收入。在美国一些家庭，父母经常鼓励孩子走出家门，到外面想办法挣钱，比如为别人扫雪、修整花园、看护植物、割整草坪、打扫房间卫生、照看宠物、打字等等，还有的孩子卖冷饮、卖花、卖自己制作的生日贺卡等。

通过辛勤劳动，孩子不仅得到了报酬，挣了零花钱，还从中学到很多东西。比如，孩子增加了工作经验，凭借自己的能力挣钱的时候得到了一种真正的自尊。毫无疑问，孩子在无形中提高了自己的办事能力，增长了才干和本领。因此，从孩子成长的角度来看，通过劳动获得报酬，在成就感中实现个人价值，这种意义远远超过理财本身。

和大人一样，孩子心中也有一种英雄情结，渴望获得成功。在越来越商业化的社会中，人们把金钱当作成功的重要标志，甚至完全以金钱来衡量个人的成败。事实表明，这种观念是错误的。所以，父母在理财教育中，要让孩子超越金钱本身，追求个人价值的实现，把它看作最大的成功。

美国是一个商业氛围浓厚的国家，在这里非常盛行成功文化。美国父母整天为成功奋斗不息，孩子自然也能感受到要为成功而奋斗，难以逃避的压力是可想而知的。但是，美国家庭并不赞同功利的成功观。父母们常常这样教育孩子："一个人只要努力奋斗了，完成了自己的使命，他就是成功的；一个人只要实现了自己的价值，或者找到了属于自己的有价值的生活，他就是成功的。"

显然，美国父母没有让孩子惟利是图，把金钱看作人生和生活的全部。正是在这种教育理念下，他们对孩子的理财教育没有走弯路，而是成为家庭教育的一个重要组成部分。一位美籍华人向国内的朋友介绍说："美国家庭鼓励孩子面对现实，父母常常把孩子叫到身边，给他们讲述自己的故事，这里面既有成功，也有失败。这样做的目的是，让孩子明白：成功生活是一个过程，并以此来鼓励孩子去发现个人的价值，成为上帝心目中的成功者。"

在国内一些家庭，父母有了钱以后变得财大气粗，在很大程度上助长了孩子的奢侈作风和攀比心理。结果，父母以往对孩子的苦心教育，以及孩子在学校接受的良好教育，都不同程度遭到了破坏，这对孩子来说是很大的损失。

与此同时，一些富裕家庭十分担心孩子在优越的环境中成长会丧失积极进取的斗志和本领，所以寻找各种方法让他们经受苦难的磨砺。在理财教育中让孩子正确看待金钱、把实现个人价值作为最大的成功，才能达到教育的真正目的。

(1) 父母要利用各种机会让孩子体验劳动和收入之间的直接关系。比如，当家庭额外的杂务需要雇人完成时，如果孩子有时间、有能力完成，父母可以让孩子去做，并给他们一笔额外的“收入”。通过这种方式，孩子不但能获得劳动的乐趣，更能了解到劳动与报酬的关系。

(2) 父母要帮助孩子寻找富有创意的工作点子，让他们体验自己挣钱的滋味。在我国家庭里，孩子很少参与到通过打工挣钱的活动中来，父母应该帮助孩子寻找合适的途径体验一下，让孩子感同身受。

第十章

好妈妈的心理关怀：减轻家庭变故对孩子的不良影响

好妈妈要给孩子多一些关爱，千方百计营造和睦相处、互敬互爱的家庭氛围，增进家庭的凝聚力。而当家长即将离婚或已经离婚，乃至重新组织家庭以后，则要站在孩子的立场多想一想，采取各种有效措施提升家庭教育的效果，给孩子更多爱护。

1. 单亲家庭影响孩子健全的人格

完整的家庭对孩子成长是非常重要的。一般来说，父爱和母爱都是不可替代的，孩子在成长过程中同时需要两种不同的爱，缺少了任何一种都可能造成孩子性格上的缺陷。因此，爱人早逝以后，我们要注意消除孩子心理上的阴影；父母选择离婚的时候，必须慎重对待，要照顾孩子的情绪。

生活中，父母一方早逝或者父母离婚，就形成了我们常说的单亲家庭。在这样的环境里，孩子得不到父爱或母爱，缺少对完整家庭的体验，就容易受到种种负面影响，心理压力会加大。

科学研究表明，孩子在3—7岁时，母爱对心灵成长起着重大作用，如果失掉母爱，孩子会出现很大的情绪波动；而在12—17岁时，孩子面临着社会性方面的发展，父爱会显得十分重要，孩子失去父爱，往往会发生越轨行为。

刘涛是小学三年级的学生，在学校里好学上进、关心同学，是老师眼中的好孩子。然而，半个月前，刘涛忽然沉默寡言了，而且抵触心日益增强，有时候甚至经常跟老师“唱反调”。班主任张老师了解到这种情况后，就对刘涛进行了调查，询问了周围的邻居。原来，刘涛的爸爸妈妈刚离婚。至此，班主任张老师才明白其中的原由。

在单亲家庭里，孩子不能享受到父母亲密无间的关爱，就会使家庭的温馨大打折扣。在长期的心理缺失影响下，孩子很容易出现消极的情绪和不良的情感反应，常常表现出情感脆弱、容易激动、缺乏安全感，感觉不开心等。

如果得不到及时开导，找不到宣泄的途径，孩子就会做出一些过激行为，比如自残、离家出走、虐待小动物等等。显然，这种心理偏差会引发孩子性格缺陷，在日后成长与发展中面临严峻挑战，影响到一生的成功与幸福。

刘涛之所以性情大变，就是因为父母离婚的缘故。失去了母爱以后，刘涛感受不到原来家庭的温暖，就开始变得自卑敏感，特别在乎别人对他的态度。可以说，正是单亲家庭的生活环境让刘涛心理失衡，使他变得渴望得到外界的关注和关心。

家庭是子女最早的教育场所，子女在父母的抚养下成长，从父母那里接受教诲，了解遵守社会规范和行为守则。家庭中的教育功能是由父母双方来承担的，无论缺少哪一方，都会令家庭教育功能欠缺。

因此，在单亲家庭里，家长必须注意给孩子更多关爱，消除可能出现的种种不良影响，让孩子健康成长、拥有健全的人格。这里需要指出的是，单亲家庭的孩子并非不能拥有健全的人格，只要对孩子的成长给予足够重视、采取有效的教育手段，就能解决现实存在的许多问题，消除不利条件的影响。在这里，要努力做好下面几点：

(1) 认真倾听孩子的心声，加强与孩子的交流。爱人早逝或者父母离婚后，孩子的心灵会受到严重影响，这时候孩子是最需要关怀的。因此，父母要多和孩子在一起，倾听孩子的真实想法，并加以开导，满足孩子的愿望。总之，尽力让孩子享受到更多关怀和爱，就能弱化孩子的不适应感。

(2) 避免说过火的话，做出过火的行为。在单亲家庭里，父母也承受着孤独，内心的需求不能得到满足，加上工作压力大，会变得脾气暴躁、容易发怒。这时候，有的父母会因为一些小事对孩子大发雷霆，结果引起孩子心理震荡，甚至诱发孩子的叛逆心理。所以，一定要避免用偏激的方式来对待孩子，避免给孩子的心灵造成更沉重的负荷。

(3) 不回避单亲的事实，对孩子的疑问做出合理的回答。单亲家庭里的孩子在与伙伴和同学交往的过程中，会明显感受到自己的不同，还会遇到一些有关父母婚姻的问题。这时候，孩子往往会产生困惑和疑问，父母应该采用恰当的方式，坦率地做出合理的解释和说明，帮助孩子消除心理上的压力。

事实上，不是每个单亲家庭的孩子都在心理上存在问题，但是孩子缺乏父爱或母爱无疑会对自身成长产生一定影响，而这种消极影响得不到克服，就会对孩子性格培养、人格健全带来危害。防微杜渐，父母还是要早做打算才好。

2. 父母再婚须关注孩子心理健康

离异是一种无奈的选择，为了追求个人幸福，同时也为了给孩子更多家庭温暖，许多父母在离异后选择了再婚。需要注意的是，再婚家庭的子女教育问题有其特殊性，父母要了解孩子的心理感受、站在孩子立场考虑问题，最大限度地减少再婚对孩子的负面影响，让他们健康成长。

对许多人来说,“家”是一个温馨的字眼。而在孩子的眼里，家更是心灵的栖所地，是爱的居所。当父母离异或一方早逝后，孩子会遭受心灵的创伤；当父母选择再婚时，则给孩子带来另一次刻骨铭心的体验。所以，父母要处理好再婚的问题，让孩子享受到家的温暖，而不是遭受新的折磨和打击。

一些父母再婚以后，会对孩子失去生母或生父的关爱，报有一种愧疚心理，于是过分宠爱娇惯孩子，结果失去了对孩子正常地管教。还有一些父母再婚以后，沉浸到个人的幸福生活中去，不对孩子加以关爱和照顾了，甚至把他们当作累赘、包袱，采取了漠不关心的态度，结果让孩子受到了冷落。种种做法对孩子成长来说，都是不利的。

霍姆林斯基说:“如果学生不愿意把自己的欢乐和痛苦告诉老师，不愿意与老师开诚相见，那么谈论任何教育总归是可笑的。”同样的道理，在家庭生活中，父母不注意与孩子建立良好的沟通关系，不注意再婚对孩子心理产生的微妙变化，是一种不负责的表现。为此，了解再婚对孩子可能产生的心理影响，很有必要。

第一，怀旧心理。父母再婚以后，孩子会对以前的爸爸或妈妈产生越来越强烈的怀念和依恋。通常，孩子会难以忘怀旧家庭成员相处的时光、友谊、亲情。特别是对眼前的家庭生活不满意时，孩子的怀旧心理会更加强烈。

第二，孤僻心理。在重组家庭里，孩子会因为父亲（母亲）的粗心或与继父母之间的隔阂，使自己陷入不能进行亲情交流的困境。孩子觉得自己在家庭中是多余的人，自然而然就会产生孤独感。通常，孩子会把这种情绪带到学校中去，表现为孩子不合群、独来独往，结果与同学的关系往往处理不好。

第三，嫉妒敌对心理。看到同学享受家庭的温暖，与自己的父母友好相处，再婚家庭的孩子往往会妒忌别人温暖的家。随着妒忌心理的加强，孩子容易丧失理智，变成一种羞于启齿而又十分强烈的憎恨心态。于是，孩子开始不相信周围的人，排斥周围的人，甚至把他人的善意批评或好言相劝当成恶意的举动。孩子走向极端以后，很容易做出一些过火的行为。

因此，再婚的父母要注意孩子的言行，遇到问题的时候要帮助他们走出心理危机。当然，最重要的是为孩子创造一个愉快的家庭氛围，多为孩子创造人际交往的良好环境，同时耐心给孩子讲解，让他们明白离婚和结婚都是非常正常的事情。当父母消除了孩子的误解和顾虑，并引导孩子把注意力投放到学习、娱乐上时，就能带他们走进新的生活中去。

（1）让孩子正视现实，同时正视孩子的心理危机。

社会的变迁使得传统的婚姻家庭观念受到了前所未有的冲击，离婚、再婚成为正常的社会现象。父母除了让孩子正视这些现实外，也要正视这些事情对孩子心理的冲击。一旦发现问题的时候，就要积极面对，不回避。只有在心理上和情绪上安抚孩子，才能让孩子健康成长，避免出现离家出走、自杀等极端行为。

⑵ 通过坦诚交谈、良好沟通和积极鼓励，帮助孩子走出心理阴影。

父母不能对婚姻家庭变故避而不谈，良好的沟通会使父母了解孩子内心的情感要求。让孩子了解家庭的情况，必要时请孩子参与家庭的重大事情讨论与决策，能让孩子得到重视、关爱，激发他们生活的热情。更重要的是，通过倾心交谈，能够最大限度地传递温情，真正走进孩子的内心世界，消除大人与孩子之间的误解。

3. 家长要克制自己的欲望

38 岁的王女士是某市的机关工作人员，丈夫在一家企业担任领导职务。在亲属和朋友们的眼里，王女士生活幸福、家庭美满。除了儿子学习成绩优异外，他们早就买了私家车，生活水准已经达到了小康水平。但是，就是这样一个让人羡慕不已的家庭，却因为一个女孩子的出现发生了变故。王女士的丈夫竟然和这个年轻漂亮的女孩子重婚，最终因为事情败露受到了法律制裁，一个幸福美满的家庭消失了。

杭州有一对夫妇，前几年过着清贫的日子，两个人辛勤劳动，非常恩爱。后来，丈夫从事业务工作，成为行业精英，并担任某国外品牌的中国区经理。很快，他们买了别墅、轿车。当生活水平迅速提高以后，夫妻感情却出现了危机。丈夫事业发达后染了赌博的恶习，还在外面胡作非为。就这样，一场离婚大战不可避免爆发了，而原来聪明好学的孩子面对家庭的变故，陷入了无尽的苦闷中，最后竟然离家出走。

……

随着社会变化的加剧、生活水平的提高，个人追求自我价值、享受个人幸福的机会越来越大。在婚姻关系上，人们开始不满足于以往的生活，渴望获得新的体验，于是有人暗地里重新组织家庭，走上了重婚的道路。

这些人放弃了应有的责任，使自己日益沉沦，在丧失自我价值评价的同时，也给家人带来了无尽的痛苦。特别是对那些未成年的孩子来说，失去了完整、幸福的家庭，容易引起身心的不健康，失去了对美好人生的向往。

出现重婚现象，一方面是个人社会道德的丧失，一方面是家庭责任感的虚无。在这里，当事人缺乏良好的家庭教育传统，内心信仰缺失，是重要原因。事实上，家庭教育并非针对未成年的孩子，成人也需要进行各个方面的教导和学习，遵循一定的行为规范，才能有家庭的和谐、安宁，以及个人的事业通达。

实际上，为了孩子健康成长，父母克制自己的欲望、避免重婚，是个人通往幸福婚姻殿堂的唯一道路，也是孩子健康成长的需要。当今社会生活更加丰富多彩，成人的婚姻生活也注入了新的内容，现代人对婚姻质量的期望值远远高于上一辈。所以，当人们的婚后现实与婚前期望产生矛盾，并且不可缓和时，许多人就会选择离婚，甚至进行重婚。

在这里，我们不能仅仅凭借个人好恶随心所欲，而应从自身、从道德修养上找原因，让自己接受一次心灵上的家庭教育，找到维持婚姻和家庭幸福的钥匙。如果掉进婚外情、重婚的陷阱，无异于饮鸩止渴，最终导致家庭矛盾不断升级，使家庭最终解体。而对孩子来说，幼小的心灵受到重婚的摧残，成长的阴影会伴随一生。因此，为了孩子健康成长，父母要克制自己的欲望。

（1）父母要增强自己的责任感。一个人具备了责任感才能承担起自己的使命，扮演好生活中的角色。近年来社会上出现的重婚、出轨等现象，固然有内外环境的不良影响，但更重要的是人们自身道德的缺失、责任感的丧失。父母有了责任感，不但会肩负起教育孩子的使命，还能扮演好丈夫或妻子的角色，获得幸福生活，这都是家庭教育的重要内容。

（2）营造其乐融融的家庭氛围。幸福的人不远行，家庭成员生活在幸福的家庭里，才能贫病不嫌弃、富贵不相忘，真正做到知足常乐。夫妻间需要奉献、牺牲，需要多一些理解、关爱，有了这种相互照应，才能使对方体验到家庭生活的快乐，教育好孩子，尽享天伦之乐。

4. 对继子（女）有一颗包容之心

家庭的重新组合，必然造成家庭成员之间产生新的矛盾。父母要努力处理好各个家庭成员之间的关系，更要尽量减少家庭重新组合对孩子的伤害。我们看到，有的家庭爸爸或妈妈再婚后，孩子与后爸或后妈关系紧张，甚至出现了父子反目、兄弟成仇的情况，这对任何人来说，都是不愿意看到的。

大人重新组织了家庭，最值得关注的是孩子。因为在他们幼小的心灵里，对亲妈妈（爸爸）的怀念深入骨髓，而对新妈妈（爸爸）则抱有不信任感，乃至产生敌意。减轻家庭重新组合对孩子的伤害，不仅是大人应该具有的一种意识，也是在新家庭中建立良好关系的开始。

对那些"新爸爸"、"新妈妈"来说，扮演好自己的角色是很重要的，关键是对继子（女）有一颗包容之心。后妈（后爸）难做，但是既然已经选择了这条道路，我们就应该多些爱心，多些宽容和包容之心，用自己的诚意和真心感化孩子，让他们享受到新家庭的温暖！或许孩子现在还不理解大人的做法，但是他们终究有懂事和长大的那一天，等他们明白过来，一定会对大人的做法和付出心存感激的。

有一对夫妻结婚十年了，最后因为种种原因选择了离婚，留下了一个六岁的小女孩。这个小女孩留给了爸爸，后来爸爸又结婚了。小女孩的后妈年轻漂亮，而且非常善良，始终无微不至地照顾着这个小女孩。

开始的时候，小女孩很难接受这位新妈妈，表现出不合作的态度，甚至故意捣乱。但是，年轻的新妈妈始终包容孩子的不懂事，不因为孩子的做法而发怒，更没有丝毫的抱怨。爸爸看到这种情形，也非常感动，就对孩子进行耐心的开导，让她感受新家的快乐和温暖。

“海纳百川，有容乃大”，新妈妈的爱心和包容心终于感化了小女孩，她尝试着露出微笑、给予合作，最后和新妈妈成为了亲密无间的好朋友。就这样，母女二人成了家里的开心果，让爸爸笑逐颜开。

做“后妈”的滋味的确不好受，但是作为成年人，我们要对继子（女）有一颗包容之心。一方面，作为孩子的父母，要包容孩子的不懂事，给他们适应家庭新环境的时间，给他们接受自己的时间，而不必苛求孩子对自己有无限的爱。另一方面，既然选择了进入这个新家庭，就要扮演好自己的角色，包括在对待孩子的问题上，以积极主动的姿态面对眼前的问题，而不是临阵退缩，甚至是与孩子针锋相对。

从某种意义上说，当大人重新组织家庭以后，他们享受到的是爱和快乐；而对孩子来说，他们看到的是陌生的面孔，对亲生妈妈（爸爸）的无限怀念。因此，大人更有必要宽容大度一些，用自己的包容心照顾孩子、感化孩子。

“懂得宽容的人，实质上已经领悟了生命的真谛。”宽容是健全人格的重要组成部分，一种睿智的处世哲学。处理与继子（女）的关系，需要新爸爸、新妈妈多一些智慧，面对孩子的不懂事，采取以德报怨、化敌为友的策略是一种高明的处理方法。

5. 后妈不能太在乎自己的付出

生活中，有的后妈与孩子关系紧张，除了孩子不懂事外，这些新爸爸、新妈妈也有做事不妥当、心态不平和的地方。比如，他们太在乎自己的付出，渴望获得某种回报，当自己的良好期望不能实现时，他们就会显得不安、暴躁，甚至改变以前态度谦和、默默奉献的做法。

李丽和丈夫从认识到结婚，走过了一段浪漫的岁月，但是唯一让她烦恼的是丈夫和前妻所生的孩子。这个八岁的男孩对李丽十分反感，无疑给重新组合的家庭带来很大隐患。李丽对这个失去妈妈的孩子很同情，于是暗暗下决心，一定好好对他，弥补孩子缺失的母爱，让自己成为名副其实的准妈妈。

但是，年轻的李丽没有当母亲的经验，直到和孩子相处了一段时间以后，她才发现两人相处是很难的。比如，李丽让孩子写作业，他肯定去外面找小朋友玩；李丽让孩子早点休息，他一定看书到很晚。本来希望儿子能够真心对待自己，看到孩子处处与自己为敌的情景，李丽彻底绝望了。后来，她干脆与孩子针锋相对进行斗争了，计较一时的得失。结果，两个人之间的矛盾更加激化了，达到了水火难容的地步。

后来，爸爸主动找到孩子进行了长谈，批评孩子不懂事，不应该那样对待妈妈。可是，孩子也很委屈，并且说出了内心的真实想法。原来，孩子开始是对这位新妈妈报有敌意的，对她的种种关爱也态度冷淡。李丽开始并没有计较得失，确实感动了孩子；但是，当李丽渴望从孩子这里求得回报，并与孩子针锋相对进行斗争时，孩子萌生的一丝渴望又破灭了，甚至认为这位新妈妈以前是在演戏，自己上当受骗了。

从上面的故事中不难发现，父母对孩子表达爱心、给予关爱的时候，如果太在乎自己的付出，甚至期望从孩子这里得到某种回报，往往会事与愿违，让自己的付出烟消云散。其实，无论是亲生母亲，还是后妈，对孩子的爱都应该是无私的、不求回报的；只有这样，才能以真心感化孩子，赢得他们的信任和理解。赢得孩子的肯定是很难的，但是一旦付出就要无怨无悔、不求回报，做到了这一点，大人才能真正担当起父亲和母亲的角色。

实际上，孩子对后妈（后爸）报有敌意的时候，正是因为缺乏了解。在这种情况下，父母更要学会包容孩子的不懂事，让他们真正了解自己的苦心。显然，如果父母与孩子针锋相对，对自己的得失过于计较，那么就容易激化与孩子之间的矛盾，给孩子带来更大的伤害。不计较个人得失，这是用爱感化孩子的明智选择。

（1）父母要在孩子和新配偶之间扮演好桥梁的作用，一方面让孩子学会尊重对方，一方面让新配偶善待孩子，这样一来大家才能融合到一起，建立一个其乐融融的新家庭。当然，对任何事情都不能操之过急，要善于在二者之间找到平衡，给双方一段磨合的时间。

（2）要让孩子和新配偶具备良好的心态。人们有了积极乐观的态度，就能对事物保持肯定、积极的看法，从而有好的结果。当孩子对新家庭保持怀疑的时候，当新配偶对孩子犹豫不决时，我们要站出来开解、引导对方，保持乐观的心态，能够正确客观看待对方，而不是抱有敌意。

6. 引导孩子尊敬后妈

父母再婚以后，要引导孩子培养孝顺的性格。道理很简单，新家庭成立以后，孩子就要在生活上接受新妈妈（新爸爸）的照顾，而新妈妈（新爸爸）作为家庭的一员，就要得到应有的尊重。

生活中，有的孩子拒绝接受新妈妈（新爸爸），甚至耍赖。这种对立的情绪无益于实现良好的家庭氛围，会让父母很难堪。对此，坦然面对眼前的问题，尝试着与孩子进行有效沟通，培养他们孝顺的性格，才能从根本上化解矛盾。

有的孩子之所以耍脾气，就是因为缺乏接纳别人的胸怀和勇气，不懂得尊重父母。孩子固然年纪小，不懂事，但是以此为借口不对孩子进行引导和教育，只能让他们更加肆无忌惮，完全按照自己的想法做事。孩子看问题简单直接，既要忍受父母离婚带来的心灵伤害，又要和陌生的新妈妈（新爸爸）打交道，心理压力可想而知。所以，让孩子懂得长幼有序的道理，学会孝敬父母，才能让他们与怨恨告别，坦然面对全新的生活。

"孝顺父母"是对一个人最基本的道德要求，通常符合这一条件的人才可能有爱心，才能对社会作出贡献。在家庭生活中，不孝顺的孩子令父母揪心，这不仅是对两代人情感淡漠的哀叹，更为孩子将来人生之路能否顺畅产生担心。

一个缺乏爱心的人，怎么能够爱护他人，赢得社会成员认同并建立合作关系呢？因此，从孩子成长的角度来看，让孩子学会与后妈（后爸）相处，懂得尊敬和孝顺他们，这样的孩子才能更好地与周围的人相处、理解身边的人和事。更重要的是，当孩子放弃对后妈（后爸）的敌意时，他们才能走出心理阴影，才能健康成长，变得快乐起来。因为一个充满怨恨的人，是难以获得幸福生活的。

培养孩子孝顺的性格，让他们与后妈（后爸）融洽相处，就能建立富有人情味的家庭文化。以情换情，以心换心，温情会融化冰雪，春风会驱走严寒。生活中总会有真情存在，身边总会有温暖的阳光照耀，家长把工夫做到位，引导孩子学会尊敬后妈（后爸），并孝敬他们，家里才能充满真爱、增添无限春色。

在现代社会里，父母因为离婚、再婚重新组织家庭的情形比较常见。妥善处理好新家庭成员之间的关系，父母才能享受到人生的快乐，孩子才能获得成长的快乐。关系的处置是双方的，一方面，父母尤其是后爸、后妈要关照好非亲生的孩子；另一方面，要引导孩子尊重后爸、后妈，学会与对方融洽相处。

离婚，好比是打碎一个旧世界；再婚，好比是在废墟上建设一座新城。在新组织的家庭中，父母处于孩子和后妈（后爸）之间，扮演着桥梁的作用。认识到自己的独特作用，并且扮演好个人角色，才能把一个新家庭带向快乐的天地。

有一个父亲，离婚以后带着唯一的女儿生活。后来，他准备再婚，为了让新家庭更加幸福，他没有急于结婚，而是对女儿进行了长期的思想准备工作。

这位父亲知道女儿爱听故事，就给她讲解那些后妈善待孩子的片段，让孩子懂得：后妈也有善良的。听的多了以后，女儿果然解除了对后妈的惧怕，但是仍旧不放心，心中有一丝顾虑。于是，这位父亲就把未来的妻子带到家里，和女儿见面，慢慢培养她们之间的感情。果然，女儿开始喜欢上这个未来的妈妈了。最终，一个新家庭组织成功了，女儿与后妈的关系非常融洽。

上面这位父亲非常明智，他给女儿做思想工作，解除她的担忧，真正尽到了一个父亲的责任。对那些希望再婚的父母来说，也应该尝试着做好各个方面的思想工作，让大家都接受彼此。当然，让孩子喜欢后妈（后爸）是有点奢侈的，但是孩子起码应该尊重对方；这样一来，自己未来的另一半才能善待孩子，使新家庭有了和平共处的前提和基础。

其实，后妈、后爸没有人们想象中的那样可怕。人们之所以抱有某种偏见，只不过对某些问题扩大化了。有的后妈、后爸不能善待自己的继子女，孩子的确会有这种担心，但是做为父母的成年人不能这么想，而应事先打好预防针，让孩子以平和的心态接受未来的“新爸爸”或“新妈妈”。

比如，父母可以给孩子讲解林肯与后妈和谐相处的故事。历史上，林肯的后妈不但承担了以前由林肯做的全部家务，还鼓励他多读书，通过学习知识增长才干。就这样，林肯在生活上得到了悉心照料，学业上也大有长进。更重要的是，这位后妈还教育林肯学会宽容别人，这样才能让路越走越广。这些良好的教育，使林肯受益终生，为他以后的人生铺平了道路。后来，林肯成功当上了美国第十六任总统，与后妈的支持和教导有很大关系。

让孩子了解这样的故事，可以帮助他们化解心中的恐惧和错误认识；当孩子以友善的态度对待后爸后妈时，对方也会乐于融入新家庭中，建立亲密的关系。其实，人心都是肉长的，父母引导孩子改变顽劣的行径，最终能帮助他们走上成功的道路。

对于继子女来说，说深了不是，说浅了不听，所以说后妈（后爸）不好当。在这种情况下，亲生父母就要站出来，让孩子学会尊重后妈、后爸，为建立融洽的关系打下基础。

(1) 给孩子介绍后妈（后爸）的优点，避免让孩子总是盯着他们的一举一动。当后妈（后爸）出现失误的时候，提醒孩子不能把这些记在心里，应该想想他们的好处。对孩子进行督促、心理提示，会让他们丢掉原来的偏见，形成正确的认识。

（2）增加家庭聚会的机会，让后妈（后爸）和孩子一起做游戏、交朋友。孩子之所以对后妈（后爸）总是抱有偏见和误解，乃至产生了种中敌意，是因为大家缺乏了解，更难得有沟通的机会。通过家庭聚会，让孩子享受到家庭的温暖，让后妈（后爸）学着和孩子交朋友，没必要把和孩子的关系搞得那么敏感，才能让他们对新家产生归属感，进而懂得给父母有所回报。

7. 再婚时想清楚如何与继子（女）相处

选择再婚时，考虑好如何与继子（女）相处，是负责的表现。一般来说，当后爸后妈要有足够的心理准备，对可能发生的一切有思想上的认识。当然，更重要的是能够对继子（女）真心相待，既爱他们可爱的一面，也要容纳他们不可爱的一面。

王娜和刘丽是三年级的同学，两个人还是同桌。有一天，刘丽告诉王娜，说自己的爸爸离婚后又准备娶一个新妈妈。恰巧，王娜的妈妈也是一个后妈，两个孩子同病相怜，从此有了更多共同语言。

王娜与后妈相处的还可以，学校里发生的事情都会据实相告。但是，刘丽却难以接受自己的后妈。有一天，王娜放学回家，递给妈妈一封信。原来这是刘丽向王娜倾诉自己的苦衷。信的意思大致是这样的："自从爸爸新成立一个家后，我觉得这个家不属于自己。在这个家里，我没有感受到想像中的那种温暖……眼看就六年级了，我只有你一个真心朋友，马上要分班了，我真舍不得离开你。这是我的一张照片，希望你也给我一张照片，并给我回信!"

可以看出，刘丽还没有和后妈建立融洽的关系。于是，王娜的后妈就劝王娜精心挑选一张照片，送给刘丽，并且叮嘱孩子回信好好劝劝对方。那一刻，这位母亲想了许多，但她庆幸自己对王娜还好，两个人的关系也还融洽。

几天后的一个晚上，一个女人打来电话，原来是刘丽的新妈妈。对方提出要约好见面谈谈，王娜的妈妈答应下来。

到了见面的那一天，王娜的妈妈在约好的地点见到一个瘦小的女人——刘丽的新妈妈。原来，她给刘丽收拾房间时，看到了王娜写给刘丽的信。王娜的妈妈接过信看了看，内容大致是这样的："我比你还惨，爸妈离婚后连朋友都做不成……如果我是你，我也会恨她的！"

可以看出，刘丽的新妈妈看到信以后心里很难受，她不清楚孩子为什么会恨自己，所以想通过王娜了解一下其中的原因，想了解一下整个事情的来龙去脉。就这样，两个母亲谈了很久，彼此诉说了生活中的很多事情。

通过谈话得知，刘丽的后妈一直在尽力扮演好自己的角色，在生活上很照顾这个非亲生的孩子；但是，刘丽从来不和她交流，她始终不知道这个孩子内心在想什么，两个人只有简单的见面打招呼。显然，刘丽一直在应付自己的后妈，这让后者感觉非常难受。刘丽的爸爸也不太懂怎样教育孩子，甚至对孩子的教育方式有些粗暴。他夹在两个人之间也很难做，就这样整个家庭陷入了不正常的气氛中。

王娜的妈妈答应和孩子们好好谈谈，了解一下大家的真实想法，给家庭增添一些融洽的气氛。第二天，王娜的妈妈仔细询问女儿，为什么不按照妈妈说的去劝劝同学呢？王娜被质疑感觉很委屈，就气愤地说："我们都是这样想的。她后妈凭什么要看她的信？这太过分了！"

其实，许多后妈、后爸都经常遇到上面的情形，那就是继子对自己不友好、把持敌意。尽管自己付出了很多，但还是遭到他们的误解，甚至是非难。

在这里，做父母的一定要想清楚，自己再婚后怎样与非亲生的孩子相处，怎样对待他们的不友好态度，自己是否准备好了？毕竟孩子年纪小，有时候自己付出的一切他们很难感受到，自己是否愿意默默付出不求回报？凡事三思而后行，这是一个自古不变的道理！

8. 善待非亲生的孩子

山东有一位女孩，名叫张芳。5 岁那年，爸爸妈妈离婚了。她清楚地记得，那天妈妈给她带来爱吃的熟鸡蛋，并且疼爱地抚摸着她的头说：“孩子，以后要听爸爸的话，妈妈要离开你了。”张芳意识到要与妈妈分离，从此再也不能一起生活时，哭了起来，还把鸡蛋丢在地上。

就这样，张芳开始和爸爸生活在一起。不久，她又有了一位新妈妈。一年后，新妈妈生了个小妹妹。本来就讨厌后妈的张芳更发懵了，心里直发慌：“后妈本来就和我距离远，现在又生了一个小妹妹，她肯定对我就更不亲了。”接着，张芳开始不断做梦，梦见亲妈妈回来了，和自己一起嬉戏。

有一天晚上，张芳又做梦了，后来梦到妈妈忽然不见了，于是急得大声喊起来：“妈妈！妈妈！”后来，张芳被摇醒，只见后妈正坐在身边。后妈对她进行了一番安慰，但是伤心的张芳还是偷偷地流下了眼泪。

第二天早上，张芳被后妈妈叫醒了，她洗完脸走到饭桌前，哇！有刚刚煮好的红皮大鸡蛋！后妈笑着说：“小芳，妈妈给你煮了几个鸡蛋，赶快吃了吧！”张芳笑了，她意识到后妈是爱自己的，并未因为有了妹妹就冷落了自己。此后，她与后妈的关系一天天好了起来。

在上面的故事里，后妈用全部真心疼爱着张芳，让她感受到了家的温暖，最终两个人建立了良好关系。从中不难发现，在新组合的家庭中，后妈（后爸）只要用爱关照非亲生的孩子，就能赢得对方的信任，建立起融洽的关系，实现家庭的其乐融融。

在这里，后妈（后爸）需要体会孩子的难处。因为，孩子离开自己的亲生父亲（母亲）后，心灵上会受到很大创伤；而对新组织的家庭，则存有一定敌意。作为大人，我们要学会站在孩子的立场考虑问题，努力关心、体贴他们，照顾好他们的饮食起居，在生活中加强交流和沟通。只要用真心付出了，总会有良好的回报。

从另一个角度来看，父母善待非亲生的孩子，也正是配偶乐于看到的事情。自己付出了努力，尽了义务和责任，还能密切与配偶的关系，是一举两得的好事。

当然，再婚的父母们自己也承受着离婚痛楚、再婚的脆弱，但是身为家庭的责任人，还是有必要承担起自己的职责，教育好孩子、照顾好孩子。一般来说，自己走好了这一步，妥善处理好了与非亲生孩子的关系，整个家庭才能和睦有爱，其乐融融。

(1) 大人选择再婚时不能仅仅考虑自己的需求和幸福，还要考虑孩子的心理感受。其实，组织一个家庭，就是选择和不同的人生活在一起；在作出决定之前，对新配偶和他（她）的孩子考虑清楚，正确评价自己在他们中的角色和分量，才能让自己的选择更有意义，自己在新家庭中更幸福。

(2) 一旦组织了新家庭就要承担起责任，做一个称职的父亲或母亲。特别是当自己也有亲生孩子时，更要在亲生与非亲生孩子之间找到一个平衡点，让所有的人都能融洽相处，而不至于关系紧张、产生各种矛盾。需要指出的是，当非亲生孩子对自己不友好时，我们要接纳、感化他们，根据孩子的特点慢慢摸索出融洽相处的方法，并且在这个过程中一定要沉得住气，并且保持大度。有时候再婚后与孩子相处是一条很苦的路，能不能走好要考虑清楚。

9. 为了孩子，父母要慎重离婚

父母离婚带来的不仅是家庭的破碎，更重要的是造成孩子心灵上的创伤。因此，面对当前离婚率逐年上升的趋势，父母在追求个人幸福的同时，也要重视孩子的需求，关注孩子的成长。有时候，父母应该为了孩子克制自己的冲动，在选择离婚这条道路的时候要慎之又慎!

张娜是一位年轻妈妈，最近陷入了困顿之中。原来她尽管有收入很高的职业，有聪明的宝宝；但是，自从有了孩子之后，张娜与丈夫的关系就不像从前那样融洽了，经常为了一些小事不断争吵。

一天晚上，张娜和丈夫吵闹起来，令人吃惊的是丈夫情急之中竟然动起手来。她伤心得哭了一夜，开始冷静思考自己的婚姻，甚至认为夫妻的缘分已尽。但是，看到可爱的孩子，张娜又犹豫起来，离婚的念头又动摇了。

何去何从呢？张娜给自己的一位老同学打去电话。原来，这位同学是一位离了婚的妈妈，当初因为丈夫有外遇选择了分手。目前，这位同学自己带着孩子。孩子小的时候，这位同学没有感觉到什么，但是孩子上了幼儿园，许多问题就出现了。比如，上学注册登记时“爸爸”那一栏不容易填写，孩子在幼儿园经常被欺负，孩子看到其他小朋友和爸爸在一起非常自卑。

显然，这位同学尽管自己获得了自由，但是孩子却在成长过程中面临着很多问题，甚至影响到了心理健康。更让张娜吃惊的是，自己的这位同学正准备复婚呢，而这一切都是为了让孩子有个完整的家，能够健康成长。最后，同学劝张娜要三思而后行。

至此，张娜打消了离婚的念头，开始反省自己，力图挽救危机中的婚姻，重新开始新生活。经过努力，张娜在价值观、生活习惯，以及待人处事上给自己提出了许多新的要求，也和丈夫进行了良好的沟通；最终，夫妻俩都发现自己存在着很多不足，两个人之间看起来不可调和的矛盾得到了化解，又过起了甜蜜的生活。

婚姻中发生矛盾是很正常的现象，关键是夫妻两人怎样去面对。如果都不退让，不懂得反省自己，只能使矛盾达到不可调和的地步，最终选择分手。而对孩子来说，这一结果对其成长是非常不利的，并且会给身心健康带来难以估量的消极影响。

因此，父母发生矛盾的时候，不能单纯选择极端的离婚道路，而应各自退让一步，考虑一下离婚的后果，以及由此给孩子可能带来的伤害。特别是对那些家庭矛盾并不严重的夫妻来说，过于追求和注重个人感受，忽视孩子的存在，选择草率离异，则更没有必要。

国际上一些科学调查表明，受父母离异影响最大的是2~5岁的学龄前儿童。这些孩子在父母离异后会表现出恐惧、自责、退缩等强烈的反应，在与同伴交往中还会产生自卑心理。具体到那些上学的孩子，则可能出现学习成绩下降、爱说谎、选择逃学，甚至对同学进行人身攻击等。而等孩子长大以后，受到父母离异的影响，他们可能出现疏远父母、过早结交异性朋友、酗酒、离家出走等现象，甚至因为对现实不满走上违法犯罪的道路。

父母既然选择了结合，选择了要孩子，就应该维持好一个家、给孩子提供基本的生活环境，否则仓促离婚、只看重自己的需要，就是不负责任的表现。父母做得不好，还怎么教育孩子，把孩子培养成人才呢?

10. 追求个人自由不能牺牲孩子幸福

对那些风雨飘摇中的夫妻来说，在追求个人自由的时候，不应该以牺牲孩子幸福为代价。孩子看到父母离异、失去了幸福的家庭生活，会比那些家庭和睦的儿童存在更多的心理卫生问题。而且，这种影响会伴随孩子一生，造成孩子的社会适应障碍。

具体来说，离婚对孩子幸福的不利影响主要体现在以下几个方面：

第一，孩子在物质生活上不能得到保障。孩子在成长过程中会花费大量金钱，通常仅仅靠父母中一方的收入往往很难满足孩子日益增长的物质需要。特别是夫妻离婚会并不能保持良好来往关系，结果很容易导致孩子的物质供给不能到位，使婚姻法对孩子抚养教育的规定得不到有效执行，最后受到影响的还是孩子。

第二，孩子的情感需求得不到满足。父母离婚以后，孩子少了母爱或父爱，亲情变得难以实现甚至丧失，结果严重降低了孩子的幸福感。需要指出的是，短暂的探望不能替代孩子所需要的完整亲情，而父母一方选择重组家庭也不能让孩子获得和原来一样的亲情体验。从孩子成长的角度来看，亲情的破坏和残缺往往造成孩子日后出现许多过激行为。

因此，父母在追求个人自由、选择离婚的时候，不能不考虑孩子的幸福，采取慎重对待的措施。实际上，照顾到孩子的利益，从孩子的角度考虑问题，不但能减少给孩子带来的伤害，还能让冲动的父母冷静下来，找到解决危机的良方。

比如，父母发生矛盾的时候，从孩子的视角看婚姻，会有不一样的感受。身为父母，任何人都会疼爱自己的孩子；但是许多父母却常常做出一些不尊重孩子的事情，而离婚就是最大的不尊重。

父母的结合是孩子来到这个世界上的前提，但是父母发生矛盾、情感出现危机以后，却拆散家庭，让孩子处于没有着落的境地，说这种行为是对孩子的不尊重，一点都不过分，甚至还有点残忍。婚姻作为家庭最重要的组成部分，不仅仅属于夫妻双方，也属于孩子。当夫妻感情变得不再坚固时，孩子所赖以生存的家也会变得摇摇欲坠，教育环境会恶化起来，这都不利于孩子的成长和身心健康。

在家庭教育中，父母带给孩子最大的幸福就是有一个完整的家，"家"都没有了，良好的家庭教育又何从谈起呢？所以，父母如果真的爱孩子，就应该站在孩子的立场想一想，谁都不希望看到自己拥有一个破败不堪的家。在许多时候，孩子的愿望是非常单纯、简单的，与其给孩子金山银山，不如陪伴孩子讲一段童话故事、吃一根棒棒糖。当孩子看到父母离异，家庭破败的时候，还有什么能够让他们感到快乐与幸福呢？

(1) 父母的婚姻亮起红灯后，要尽力改善婚姻，而不是选择分道扬镳。

单纯强调为了孩子而固守婚姻，常常让父母陷入严重的精神痛苦中，这对父母来说是不公平的。但是，感情亮起红灯以后，首先改善已经出现问题的婚姻，通过平心静气地协商解决存在的矛盾和问题，就容易拥抱美好的生活。而这种结果，对孩子成长来说，是最佳的答案。

(2) 当婚姻确实破裂，感情无法继续时，父母更要慎重对待离婚，努力减少对孩子的伤害。如果夫妻感情真的不存在了，父母当然应该果断地从无爱的婚姻中走出来。当然，在离婚过程中，父母要避免把消极情绪传递给孩子，更不能把婚姻的失败归结为孩子。

离婚大战并非只有硝烟弥漫的情形，和风细雨选择分手也是一种可能，而且这种方式对孩子身心的伤害会大大减小。此外，父母一旦选择离婚，就要把“父母离异”当作孩子人生中必须面对的无数挫折之一，让他们坚强起来，而不是陷入消极的状态中，最后沉沦下去。

（3）找到最佳的沟通方式，告诉孩子父母双方离婚这个事实。如果孩子年龄较小，还不太懂事，父母离婚时可以对孩子不予告知。但是，孩子懂事以后，父母离婚时就要选择合适的时间、场合、地点，并选用恰当的措辞、语气告诉孩子真相，最大程度上减轻可能给孩子带来的心理冲击。

11. 搬家时学会关心孩子

在家庭教育中，家庭环境扮演着重要角色。“家庭环境”不仅仅包括家庭气氛、成员之间的互动关系，还包括家庭空间的改变，比如搬家以后环境的变化。孩子进入新环境，会在心理产生许多不适应感，进而影响到他们的心情、情绪等复杂的体验。父母要照顾到孩子因为搬家引起的心理变化，帮助他们进行调整，获得健康成长。

一般来说，孩子年龄越小，受环境改变的影响越大。搬家以后，孩子进入一个全新的环境，会产生心理上的不适应感，如果原来熟悉的人不在身边了，更容易带来心理压力。

俄罗斯萨拉托夫州国立大学的专家曾经对长途搬家对孩子的影响进行了专题研究，结果发现：孩子在新环境中容易产生“心理震动”，引起了不同程度的心理变化。研究人员对 330 名 10 岁至 17 岁的学生进行了问卷调查，他们当中超过一半的人有过长途搬家的经历。问卷内容进行了科学设计，涉及居住条件、生活方式、孩子对自己在班级的地位、与父母和朋友的关系、家庭经济状况等。

调查结果显示，孩子在搬家以后对生活的满意度显著降低。与当地居民的孩子相比，搬过家的孩子对生活环境、居住条件的满意度比较低，在新班级对自己的地位评价也不满意。最后，专家提醒父母，搬家的时候父母要对孩子进行预先的劝导，搬家后更要对孩子进行心理安慰，对孩子的消极想法进行干预。

今天，随着城市化进程的加快，以及经济水平的提高，更多的人加入到搬家大潮中去。乔迁新居是一件高兴的事，但是父母不能仅仅享受搬家带来的欣喜，还要留意孩子的情绪变化，发现孩子产生不适应、情绪波动时，要给予必要的帮助，避免引起消极后果。

在家庭教育上，父母要坚持实事求是的做法，正视搬家给孩子带来的不良影响，学会关心孩子，让他们融入新的环境和生活中去。因此，父母需要在搬家前、搬家后的整个过程中，对孩子进行各个方面的教育，引导他们积极乐观地面对新生活。

首先，搬家前要向孩子讲明搬家的原因，让孩子尽早作好心理准备，这样就能减轻孩子的不适应感，有效防止抑郁和紧张。道理很简单，做好了思想工作，孩子才能积极主动配合父母搬家，才能避免发生摩擦。

其次，在搬家的过程中，要让孩子积极参与进来，做一些力所能及的事情。比如，对年龄小的孩子，可以让他们清理自己的玩具、图书等；对年龄大一点的孩子，可以让他们帮忙整理其他物品。通常，孩子参与到搬家活动中来，就能感到自己也是搬家的主动者，而不是不被重视的“少数分子”。孩子有了被重视的感觉后，就能体验到搬家的快乐。

再次，搬完家后，父母要对新家进行布置，努力创造一个温馨、和睦、愉快的家庭气氛，让孩子尽快地喜欢上这个新家。同时，还要多关心孩子的饮食起居，观察孩子是否出现了“水土不服”的情况，一旦发现问题要及时治疗。

最后，要让孩子熟悉周围的环境，比如超市、医院、车站、银行，并鼓励孩子与左邻右舍和睦相处，结交新朋友。有的父母刚搬到新家，往往很累，容易出现情绪低落情况，结果不能及时帮助孩子熟悉周围的环境，很容易引发孩子的不适应感。

搬家有许多种情况，乔迁新居是一件高兴的事情，通常孩子也会乐于接受。但是在现实生活中，有许多情况是父母因为工作等原因搬家，并且搬家的频率也比较高。这时，父母就要努力防止频繁搬家可能给孩子带来的不良影响。

具体来说，孩子因为频繁搬家很容易出现长期的抑郁或悲伤等症状，这时父母仅仅依靠自己的力量给予孩子指导就不行了，而应带着孩子拜访家庭医师、儿科医师，或者求教精神病医师。

这里有一份美国儿童和青少年精神病学研究院所倡议的预防措施，经常搬家的父母们可以作为参考，帮助孩子走出搬家带来的心理阴影。

◎非常清楚明白地向小孩解释为什么要搬家。

◎尽可能用诸如新搬迁地的地图，照片或者当地的报纸使小孩子熟悉所搬迁的地方。

◎描述搬迁目的地的优越性，诸如有小孩可能欣赏的湖泊，山脉或者公共游乐场等。

◎待搬家妥当后，尽量带小孩子去当地的教会、父母会、童子军、基督教青年会等参加社团活动。

◎如果你的小孩正就读中学，可能考虑的还是让他们呆在原居住地值得信赖的朋友家里继续完成学业直至毕业。

◎让小孩参与设计或者布置自己的新房间。

◎帮助小孩继续与过去的邻居通过电话、写信、电子邮件（E-mail）和个人拜访来保持联系。

孩子会随时受到外部环境的影响，从而产生微妙的心理变化。在此，细心的妈妈懂得随时照顾孩子的感受，从心理上帮助他们疏解不良情绪，从而积极面对眼前的物是人非。搬家的时候，尤其需要留意由此可能给孩子带来的心理影响。

（1）避免频繁搬家。搬家是每个家庭都会遇到的事情，但是当孩子年纪小的时候，我们要尽量避免频繁搬家。研究表明，频繁搬家会对孩子的成长产生巨大影响，其中最深刻的影响是孩子的生活环境经常更换，会使他们根本无法获得好朋友可以相伴、玩耍、成长。并且，孩子跟随父母搬到一个新环境后，经常因为没有新朋友而遭到其他同学的欺负，于是孩子往往整日郁闷地憋在家里，很容易引发自卑心理，甚至患上自闭症。

(2) 把搬家当作增强孩子适应性的机会。不可否认，搬家会给孩子带来心理上的深刻影响，甚至产生消极影响。但是，父母完全可以把搬家当作一次挑战，让孩子学会适应新环境，在心理上增强自我调节的能力，而这对孩子的成长来说是非常有利的。

第十一章

好妈妈的安全意识：孩子学会保护自己才能快乐成长

经历过风雨，才能见彩虹。孩子的一生不仅伴随着欢笑，也有泪水；不仅有成长的快乐，也有成长的烦恼。帮助孩子度过这些特殊时刻，是父母义不容辞的责任。

1. 日常生活中做好安全教育

孩子遇到危险，只能用两个字来形容他们的境地——那就是“险恶”。如果孩子逃脱了危险，那么这次经历对他们来说只能是虚惊一场；反之，就会让他们受到伤害，带来终生难以忘怀的记忆。

乐乐上小学二年级的时候，有一天晚上突然停电了，当时爸爸妈妈都不在身边，家里只剩下他和奶奶。以前也发生过这种情况，而且他知道爸爸都是打开保险盒，去接保险丝。于是，乐乐让奶奶打着手电筒，自己拿着保险丝、试电笔和钳子，开始换起保险丝来。

由于个子比较矮，乐乐就在椅子上放了一个小凳子，仰着头摆弄了半天，最后才大功告成。当屋子里的灯亮起来以后，乐乐兴奋得不得了，奶奶也在一旁夸奖他有本事。

后来，爸爸知道了这件事，对乐乐呵斥了一顿。乐乐并不服气，还和爸爸争吵起来。于是，爸爸直接拿着电线，当着乐乐的面示范，把电源两极接在一起，只听“嘭”的一声，火花四溅，升起一股青烟，房间里再次陷入黑暗。

当时，乐乐确实被吓了一跳。经过爸爸进一步解释，他才知道电是很危险的，如果不懂安全知识绝对不能碰。现在想来，乐乐那晚的做法实在太危险了。没想到，他第一次面对危险是在不知不觉中进行的，而且还安然逃过了一劫。

这次经历在乐乐的心里留下了很深的烙印，他不仅知道了电的危险性，还明白了生活中有许多不安全的地方，凡事要学会保护自己，安全第一。

对父母来说，让孩子掌握趋利避害的本领是非常重要的。但是，许多父母爱孩子，又常常本能地阻止孩子接触各种可能伤害到他们的事物。比如，看见孩子拿小刀削铅笔，就怕孩子划伤手，马上抢过来，替孩子削；看见孩子拿起刀练习切菜，也不放心，马上替孩子代劳。

因此，父母不能担心孩子受到伤害就不让他们从事危险的活动。这样做，只能让自己的爱心害了孩子。没有人否认父母是疼爱孩子的，这种心理任何人都能体会到。但是，我们不能因此就让孩子生活在温室里，不接触外面的世界，不接触各种在父母看来危险的东西。显然，一味保护好孩子，不如让他们学会识别危险、规避危险，这样才能真正学会保护好自己。

如果想让孩子多接触社会和大自然，就要提早对他们进行必要的安全教育，告诉他哪些东西会造成什么样的危害，要远离它们，还要学会应对意外情况。这样一来，孩子才能在增长见识的同时学会保护自己，安全地生活。

让孩子在面对危险的时候不受到伤害，父母就要提早对孩子进行安全教育，让他们掌握保护自己的本领。在孩子成长的阶段，时刻提高自我保护意识非常重要，避免受到外界的威胁和伤害是一种生存本能。

(1) 过马路。孩子刚懂事的时候，父母就要教孩子外出必须注意安全，每次拉着孩子过马路时，可以给他们编一些顺口溜：“过马路两边看，先左后右，斑马线上快速过。”

(2) 安全用电。现代家庭有很多电器，因此用电安全就成为一件大事。孩子动手能力强，更要注意对孩子进行安全用电教育。

(3) 与人争斗。孩子和同伴打架，是经常发生的事。如果孩子之间出手过重，往往会在相互撕扯中头破血流。而一旦孩子用尖利的器物攻击对方，则会造成更严重的伤害。所以，父母要教育孩子避免与人发生肢体冲突。

（4）走散以后。周末或节假日，父母经常带着孩子到外面散心，或者逛商场。在人多的地方，孩子与父母走散了，是一件急人的事情，如果遇到不法分子，就更危险了。所以，父母要事先告诉孩子：如果出现走失的情况，应该首先找警察叔叔，或者待在原地等家长。孩子能够在走失以后记住这一点，就能有效避免危险的发生。

2. 懂得保护自己，做力所能及的事

生活中，父母要让孩子远离危险。但是,“远离危险”并不是对危险一无所知，而是要懂得克服危险的伤害。掌握克服危险的本领，孩子才能真正获得安全。

父母毕竟不能陪伴孩子走过一生，当父母不在身边时，孩子要自己面对危险。所以，与其让孩子逃避危险，不如让他们学会面对危险，清楚自己该做什么，不该做什么。这样才能让孩子的一生获得安全的保障。

“见义勇为”是社会提倡的一种英雄文化，但是它并不适用于没有自我保护能力的孩子。如果孩子在“见义勇为”这一口号的宣传下，贸然救助危险中的遇难者，那就有失偏颇了。父母要让孩子懂得，遇到危险的时候要懂得保护自己，做力所能及的事。

2006 年，南方某镇发生了一起恶性落水事件，几个未成年的孩子全部被水吞没了生命。原来，几个孩子路过一条河，结果一个小孩不小心掉进水里。另一个小孩急忙跳进水里营救，结果先掉进水里的小孩不但没被救起，救人的小孩也没有上来。岸上的两位同伴看到这种情形，急忙忙过来救人，最后竟然没有一个人生还。

在上面的故事中，几个未成年人为了救同伴，全部葬身河里，这是一起让人扼腕痛惜的悲剧。而悲剧的发生，与我们多年来倡导的“见义

勇为”思想有很大关系。“见义勇为”并不是无原则地冲锋陷阵，一个重要前提是救助者要有救人的能力。显然，上面几个孩子对眼前的危险完全没有正确的判断能力，结果才导致了悲剧的发生。

所以，父母要让孩子明白：善于帮助他人是应该的，但是这种帮助也是有条件的，那就是对你来说必须是“力所能及”的；如果超出了你的承受能力，会明显地威胁到你的生命，那么就要考虑其他方法。

为了让孩子从小明白“不能在别人的保护下生活”，美国石油大王洛克菲勒常常允许孩子们单人去划独木船或驾驶帆船，甚至让他们去冒险，尝试可能涉及的危险。为此，洛克菲勒 9 岁的儿子从小马的背上摔下来，12 岁的儿子玩气枪打伤过自己的脚。尽管父母心里很害怕，甚至担心孩子的生命遭到威胁，但是他们还是硬着头皮让孩子去尝试，学习怎样规避危险、保护自己。

事实上，危险是到处存在的，人要生存下去就必须学会避免危险，或者战胜它。面对危险，我们的肉体的确可能遭到伤害，甚至生命受到威胁，但是一旦学会了规避危险，那么就会在以后的日子里获得平安快乐。

此外，让孩子掌握克服危险的本领，不但能增强他们应对危险的能力，还可以让孩子在直面危险的过程中尝试风险的滋味，磨练孩子的意志，提高孩子的处事能力。

文明社会的背后隐藏着阴暗面，对这一点，父母朋友们一定不会否认。作为孩子的监护人，不但要让他们学会识别客观存在的危险，还要让他们防范社会生活中各种潜在的危险。

比如，许多孩子都有一个人独自在家的经历。如果陌生人来敲门，就要提高防范意识，学会保护自己。“小鬼”当家，一定要注意安全防范，即使孩子已经十七、八岁，也不要自认为能够作出准确无误的判断，许多事情往往是难以预料的，还是谨慎为好。为此，父母要让孩子掌握下面的技巧：

(1) 当陌生人敲门的时候，先要通过门上的“猫眼”观察对方。如果发现对方是不认识的人，可以不发出声音，使对方认为家中无人，从而让他尽量自行离开。对方如果赖着不走，可以大声喊话：“您是哪位？有什么事情？”通常对方会以查电表、水表来蒙骗孩子，这时孩子可以回答：“我爸爸正在睡觉，妈妈下楼了，您晚点儿再来吧。”

(2) 此外，还有一些陌生人以修理工、推销员的身份要求开门，这时更不能满足他们的要求，必须一口回绝，让他赶快离开。假如对方真是非法歹徒，并且不断敲门，甚至开始撬门，孩子可以大喊：“爸爸，有人敲门！”从而使他在心理上产生压力和恐惧，同时赶快向亲友打电话或拨打 110 报警。

总之，孩子独自在家，遇到陌生人搭讪……必须提高警惕，掌握基本的应对技巧和自我保护知识，警惕对方图谋不轨。生活固然是美好的，但是阳光下也可能隐藏着罪恶。绑架、敲诈勒索等犯罪行为不是天方夜谭，父母要让孩子学会应对各种突如其来的危险，注意采取必要的措施防范和威慑对方的不法行为，增加应对社会危险的本领。

3. 对捣乱的孩子要“约法三章”

许多父母都有一种感觉，孩子有时就像不定时的炸弹，会发生很多你意想不到的事情，而且令你防不胜防。孩子淘气、爱闯祸，是他们的天性。对那些无关紧要的“祸事”，我们要学会包容；但是，当孩子的玩闹惹了大麻烦，就要对孩子的过火行为给予警告，事先和孩子“约法三章”。

生活中经常发生这样的事情，孩子不小心打翻果汁或弄坏东西，搞得现场局面一团糟。此时，父母须提前告诉孩子事情的后果，比如“东西打翻了，要自己清理”。父母通过示范、讲解与练习，告诉孩子面对这种情况的处理方式，孩子就能逐渐改正原来毛躁的缺点，不再惹事。

事实上，孩子惹事、闯祸，有时是无意的，但是频繁发生；有时是有意的，结果危害严重。比如，放炮不慎引发火灾，恶作剧不慎摔伤他人，偷着开摩托不慎撞伤行人……对于这种情况，父母显然不能以包容的态度对待，而要对孩子提出严厉的警告，甚至以“过度矫正”的原则处理。

生活中，孩子因为淘气而惹祸的事情并不少见。对那些后果严重，威胁到孩子或他人人身安全的事端，父母要承担起家庭教育的主要责任。作为孩子的监护人，父母有义务照顾孩子，更有权管教、约束孩子的过火行为。更明确地说，就是要培养孩子从小学会把握玩耍的尺度，区分“玩”与“闯祸”的不同，尤其是对那些少不更事的幼童，更应该严加呵护。

在这里，父母首先要让孩子明白事理，并认识到自己在闯祸时有负责善后的义务。其次，一旦孩子闯祸了，父母就就要让孩子意识到问题的严重性，让他吸取教训。此时，父母不必担心孩子产生不悦的情绪，而要帮助他们建立责任感，缓解其犯错的罪恶感，避免以后犯同样的错误。否则，孩子就会因为一时贪玩、淘气而闯祸，犯下无法弥补的错误，甚至带来终生的遗憾。

法国思想家卢梭有个聪明可爱的儿子。有一天，夫妇俩带着儿子上街。后来，儿子被商店里的小积木、小车等玩具吸引住了，并且央求卢梭给他买一辆小马车。卢梭爽快地答应了，但是提出了一个条件:“买玩具可以，但是如果不爱惜玩具，故意损坏玩具，以后就不再买新玩具了。”儿子也爽快地答应了。

回到家以后，儿子整天玩小马车模型，高兴极了。但是没几天，他就把这些玩具砸了个稀巴烂。卢梭望着这些破烂的玩具，非常生气，但是他没有批评儿子，因为他们有言在先。果然，过了一段时间，儿子又喊着买新玩具。卢梭没有答应，儿子便缠着妈妈哭。

后来，卢梭夫人动了恻隐之心，但是遭到了卢梭的阻拦:“买几件玩具是小事，可是纵容了儿子有意损坏东西的坏习惯。他习惯闯祸而不受到惩罚，就会我行我素，我坚决不答应。”就这样，卢梭夫妇达成了一致意见，不再给儿子买玩具。于是，儿子尝到了父亲的厉害，从此再也不敢随意损坏东西了。

有些孩子之所以频繁闯祸，就是因为他们在惹事后没有受到相应的惩罚。所以，当孩子经常惹是生非，甚至故意捣乱的时候，父母就要学会适度惩罚孩子，使他从中得到教训，受到教育。

此外，惩罚孩子的时候要避免用力过度，为此应注意下面两点:

⑴ 不要损害孩子的身体健康。孩子因为闯祸而受罚，目的是促使孩子从中得到教训，不再重犯过去的错误；如果父母为了出气而对孩子进行肉体伤害，那么这种教育就变味了。所以，在惩罚孩子的时候，父母要避免感情用事，极力克制无益甚至有害的感情冲动，掌握好处罚的分寸、尺度，并注意观察孩子的情绪反应，做到适可而止，见好就收。

⑵ 不要伤害孩子的自尊心。惩罚孩子不但会让他们感受到不愉快，有时也会让他们产生羞辱心，这是正常现象。但是，父母不能故意伤害孩子的自尊心，否则就容易导致他们情绪低落、不求上进，甚至破罐子破摔。

4. 防备你的孩子离家出走

近年来，孩子离家出走已经成为一个不容忽视的社会现象。一般来说，凡是自动离开学校和家庭的监护，离开居住的城市到达异地，即视为离家出走。那么，期间孩子的内心产生了怎样的变化呢？这对他们未来的成长又有怎样的影响呢？

青少年教育专家调查研究后认为:“不良的心理行为问题，可能会构成离家出走的内在因素，而不良的教育方式、家庭和社会的压力、学业不良引起的自卑感、受父母或老师的批评、受文化传播媒介的诱导可能构成离家出走的契机。”孩子从小就受父母的管制，等到了一定的年龄需要自己做主的时候，却得不到大人的认同，当他们的某种需求、愿望、承诺无法实现的时候，他们便会采取极端的出走，自己去想办法解决。

因此，孩子选择离家出走，不单纯是一个教育问题和社会问题，更多地是孩子的心理问题，是生存状态的问题。从心理学的角度分析，孩子离家出走大多与下列因素有关:

第一，孩子天真地认为自己应该得到父母、老师的宠爱，当需要得不到满足时就把离家出走做为一种要挟手段。孩子在成长过程中如果得到太多的疼爱，而不懂得关心别人、体贴别人，就容易养成过于自我的个性。当爸爸妈妈对他们的关心和体贴略微欠缺了一点，他们马上就会像大观园里的林黛玉，感到受了欺侮，乃至离家出走。

第二，孩子自尊心过强，没有承认错误、改正错误的勇气。生活中，孩子犯错以后往往都是在父母的坚持下才承认的，缺少主动认错的积极性，把认错当成一种搪塞。这样一来，他们就很难认识到自身的不足，总是认为自己的想法和决定是正确的。一旦在某件事上转不过弯来，他们就难以接受自己犯错的事实。错误其实并没有什么了不起，但是孩子好胜心过强就会被这个包袱压垮，千方百计掩藏它、抵赖它，当无路可退时就会选择逃避——离家出走。

第三，孩子在成长过程中遇到一系列无法解决的问题，引起心理上的强烈变化。比如，孩子长期生活在父母关系紧张、家庭成员之间不和睦、家庭经济拮据的环境里，就渴望摆脱这一局面。孩子与同学和老师之间的人际关系不协调，认为同学不喜欢自己、对班干部不满意、老师经常批评自己、老师过度偏心学习好的同学等，这种误解和对立也容易逼迫孩子离家出走。

孩子离家出走，进入一个完全陌生的环境，随时会受到各种危险的伤害。为了避免让孩子陷入危险的境地，家长要防患于未然，在日常生活中做到应尽的职责。

(1) 孩子产生对抗情绪时，大人要避免乱发脾气。

在孩子离家出走的情形中，有一些是孩子因为赌气而做出的不理智决定。根据孩子后来的描述，他们大多是与父母发生矛盾或争执，而父母始终不肯退让，孩子没有选择的余地，最后干脆赌气离家出走了。

因此，在与孩子沟通的过程中，父母尽量不要发怒，不能居高临下对孩子发号施令。一个明显的事实是，孩子相对于大人来说，始终处于弱势地位。如果父母凭借自己的优势一意孤行，而不考虑孩子的接受能力、承受能力，那么就容易引发孩子的激烈对抗，甚至逼得孩子走上“离家出走”这条道路。

(2) 保持良性沟通，时刻关注孩子的心理健康。

父母要养成倾听孩子诉说心事的习惯，并给他们提供必要的指导，避免只把自己的意见灌输给孩子。实际上，父母只要经常与孩子沟通，就能发现他们可能离家出走的蛛丝马迹。而当发现孩子离家出走的苗头时，父母就能及时采取干预措施，找到解决问题的方法，做到防患于未然。

孩子在成长过程中，面对着来自方方面面的烦恼。经常和孩子保持积极的接触和交流，理解孩子的心情，帮助其解除烦恼和心理压力，同时告诉孩子出走后可能遇到的困境，和他们讨论解决目前的问题有无更好的办法，自然能够赢得孩子的理解和信任，使那些打算离家出走的孩子打消错误的念头。

(3) 培养孩子健全的心理、完善的人格。

从医学心理学角度看，离家出走的孩子一般都存在着某些性格缺陷，比如自卑、敏感等。他们在遇到挫折以后，往往采取消极、极端的应付方式解决问题，包括离家出走。所以，培养孩子健全的心理、完善的人格，才能让他们具备良好的适应能力，妥善应对来自身边的各种人和事。

5. 交友不慎带来很大麻烦

“朋友”历来得到人们的颂扬，为难时刻显身手，“朋友”关系通常在紧要关头表现出它应有的价值。在朋友遇到困难的时候，提供力所能及的帮助，是维系友谊、密切关系的必然选择。孩子充满爱心和同情心，在朋友遇到困难的时候伸出援助之手，这是父母乐意看到的情形。

但是，有一种情况需要区分和警惕，那就是“哥们义气”。一些孩子以《三国演义》中的“桃园三结义”和《水浒》中的梁山好汉为楷模，在同学和朋友之间称兄道弟，江湖气十足。在他们看来，讲“哥们义气”能搞好同学关系，显得自己有面子。客观地说,“哥们义气”也是朋友关系的一种形式，但是如果这种形式太浓就容易背离“朋友”的内涵，甚至误入歧途。

孩子社会阅历不丰富，对周围的人和事缺乏明显的利害关系，所以往往单纯从表面上看待问题。因此，让孩子正确认识社会上不恰当的“哥们义气”，意识到其中的危害是很有必要的。

古代社会中，一些人讲究“哥们义气”，的确是密切彼此关系的一种良好形式，但是这种方式也有很大的弊端，比如过分强调彼此的利益，甚至危害大多数人的利益来满足自己的私心。更重要的是，有些人利用“哥们义气”要挟他人，谋取不正当利益，这种行为本身就是错误的。因此，在许多人眼里，“哥们义气”往往与流氓团伙、痞子习气联系在一起。

在当今社会中，人与人之间的关系是多方面、多领域的。可以毫不夸张地说，除了与自己特别亲密的同学、朋友外，那些与我们建立联系的人都可以称为“朋友”。显然，和这些不太熟悉的人交往时，过分强调“哥们义气”只能让自己陷入尴尬境地，有时候会做出一些违背自己意愿的事情。

所以，父母要让孩子意识到，交朋友可以，但是与朋友的关系必须建立在正当利益和关系基础上。出于各种不正当的目的交朋友，大讲“哥们义气”，就不足取了。如果孩子从小就以“哥们义气”这种形式与人打交道，是很难与人搞好关系的。

此外需要强调的是，有的孩子走上违法犯罪的道路，也是受到“哥们义气”思想危害的。他们奉行“有福同享，有难同当”、“为哥们拔刀相助在所不辞”等原则，一旦迷信了这些东西，就会为“哥们”铤而走险，甚至进行团伙犯罪，给自己和家庭带来了严重危害。

“哥们义气害死人”，这种说法并不夸张。现实生活中，许多孩子因为迷信“哥们义气”，结果走上了不归路。所以父母要引导孩子学会交朋友、结交真心朋友，懂得如何与朋友相处。朋友遇到困难，给予力所能及的帮助是必要的；但是，对一些不合理要求，孩子要学会拒绝。总之，与朋友的关系必须建立在合理、合法的基础上，做到团结大多数、一视同仁、为人正派、办事公道，才能建立广泛而良好的人际关系，从而健康成长。

在朋友最需要的时候提供帮助，这是一种人生的智慧。具体来说，我们可以从如下角度思考和行动：

（1）帮助孩子正确认识身边的人和事，学会热爱生活，具有一颗同情心。如果发现孩子性格孤僻，不愿意和人打交道，父母要引起足够的重视，和他们谈心。如果问题严重，则要对孩子进行心理干预，向专业儿童心理顾问求助。

⑵ 让孩子学会在力所能及的范围内帮助朋友。当条件允许的时候，花费时间和精力帮助朋友解决实际困难，是我们展示友情、建立信任的最佳时机。但是，这种帮助不能超出孩子的承受范围，否则就会过犹不及了。

⑶ 让孩子学会区分真诚待人与“哥们义气”的差异。与人发展良好关系、提供必要的帮助，是人际交往的内容。而“哥们义气”维护的是少数人的利益，甚至是不正当利益，不利于团结更多的人，因此需要加以抵制。孩子出现这种倾向，父母要加以引导，让孩子和大多数人交朋友，而不是局限在一个小圈子里。

6. 引导孩子安全度过青春萌动期

从孩子的角度来看，进入青春期以后，他们会因为生理发育产生性冲动，并引起相应的性心理。从医学上来看，性本能的冲动可以通过大脑皮质调节控制。有的青少年能很好地调控，有的少男少女由于经不起第一次的感情变化和心理波动，而产生了早恋。

此外，早恋的发生还与孩子生活单调、没有目标有关。因此，当孩子感觉生活空虚、缺乏动力的时候，往往就会寻找出口，从而容易把注意力转到异性身上。有关专家对某市 100 名 16 岁中学生进行了一项关于早恋的调查，结果发现：有暗恋经历的占 20%，有所谓谈恋爱经历的占 70%。

上初一的那年，小雪一下子认识了许多新同学，非常兴奋。按照值日表，她和另外 5 个同学成为一组。其中，有一个男生很喜欢小雪，总是帮着她劳动，有时候还买好吃的东西。

妈妈早就提醒过小雪，要把精力放在学习上，不准谈恋爱。所以，她开始有意地躲避那个男生。但是，对方始终不肯放弃。最后，小雪被感动了，就答应了他。其实，那个时候根本不懂什么是爱情，她一开始也不怎么喜欢对方，大家只是在一起玩儿。

到了下学期，这个男生突然跟小雪提出分手，因为他喜欢上别的女生了。直到那一刻，小雪才突然感觉自己离不开他。尽管再三恳求，他还是离开了。接下来的日子里，小雪很伤心，也没有心思学习了，考试成绩也一落千丈。

小雪不敢把这件事告诉妈妈，只有把它隐藏在心里。但是，越是压抑自己，小雪就越难受，并且开始怨恨那个男生伤害了自己。现在想来，那是一段黑暗的日子，它不但让小雪美好的青春布满了阴云，还耽搁了学习，每次想到这里都非常后悔。

孩子发生早恋以后，是否就会获得快乐、感觉生活充实呢？答案是否定的。调查表明，许多处于恋爱阶段的学生内心充满了矛盾，并承受着来自父母、学校的强大压力。道理很简单，父母发现孩子早恋以后，往往对此深恶痛绝，认为早恋会耽误孩子学习，甚至有可能影响孩子的一生。有的学校则把早恋当作洪水猛兽围追堵截，甚至有让男女生分班等安排。

早恋为什么会产生这么多复杂矛盾呢？孩子、父母应该怎样处理早恋这个棘手的问题呢？

(1) 发现孩子早恋后要持宽容的态度，避免激化矛盾。

一位青少年研究专家指出，孩子进入青春期以后，会在身体和心理上产生微妙的变化。在这一特殊时期，父母一定要与孩子推心置腹地沟通、交流，及时帮助他们解决遇到的各种问题，其中就包括早恋。

孩子出现早恋，父母首先要与孩子平等对话，搞清楚孩子是否真的早恋了。其次，一旦发现情况属实，父母要避免横加指责，而应向孩子权衡利弊。必要的时候，家长可以请心理医生帮忙开导孩子，让他们主动地远离不合时宜的“感情经历”。

(2) 引导孩子扩大交往范围，保持纯洁的友谊。

在人际交往过程中，尽可能多地与不同的人交往，才能增长见识、开阔视野。如果发现孩子与异性交往过密，父母应该巧妙地加以引导，让孩子把朋友圈子扩展到更多的人。

为此，父母要在日常生活中为孩子创造和谐、宽松的家庭氛围。比如，晚饭后一家人可以坐在一起沟通、交流，在增进父母与孩子之间的感情时，让孩子懂得“异性交往不要太集中在某一个人或一个小范围内”，否则，就容易失去与更多同学、朋友接触的机会。

(3) 让孩子明白与异性交往的界限。

两性交往是孩子成长过程中必然经历的阶段。孩子步入青春期以后，会产生渴望与异性交往的需求，这是正常的，父母应该给予理解、关心和支持。因为担心孩子早恋，而干涉孩子与异性朋友交往，这种做法是不明智的。

在家庭教育中，父母要扮演好辅导员的角色，让孩子明白与异性交往的界限。这样做，比对孩子横加指责更容易被接受，也能让孩子学会理性处理问题。事实上，孩子与异性交往，并非都会发展成早恋，如果父母不能给孩子提供合适的指导，甚至干涉孩子的正常交往，往往会适得其反，甚至把孩子推向早恋的深渊。

(4) 帮助孩子确立明确的奋斗目标。

孩子的早恋往往与生活单调、没有目标有关。因此，充实孩子的生活，帮助孩子寻找生活的意义，可以有效地转移孩子对早恋的注意力。在上面的故事中，李女士就是抓住了这一点，成功地化解了女儿成长的烦恼。

早恋不是成熟的恋爱，而且会妨碍青少年的学习，所以家长和老师都反对孩子过早恋爱。问题是，应该采取怎样的方法帮助孩子走向学习的正轨。对父母来说，遇到孩子早恋的问题后，要善于借鉴成功的经验，寻找适合孩子的方法，帮助孩子确立明确的奋斗目标。

7. 帮孩子远离陌生人的骚扰

孩子在成长过程中，随时会面临各种危险。其中，来自外部世界的性骚扰、性侵害会在孩子心灵和肉体上产生致命的消极影响。当孩子遭受到这种摧残以后，沉重的阴影很有可能伴随其一生，影响他们的成长、未来的婚姻生活及性心理。

2007 年 4 月，国家教育部发布的《中小学公共安全教育指导纲要》，第一次把“性侵害”和自然灾害、校园暴力等一起列入中小学公共安全教育范畴。

一般来说，孩子进入青春期以后，独立意识开始增强，拥有了更多的自我支配的活动空间。但是，由于缺乏生活经验和识别他人品质的能力，孩子很容易相信别人，加上在遇到紧急情况时缺少应对能力，所以青春期的少男少女随时都会面临性骚扰、性侵犯的危险。

除了对周围的复杂环境认识不深、缺少自我保护意识以外，孩子的心理发育不成熟也是导致他们受到伤害的重要原因。青春期的孩子往往过于看重个人感受，有时候表现得比较自我，这就很容易给品行不端的人留下攻击的弱点，为不法之徒留下性侵犯的可趁之机。而一旦遭到伤害，他们又陷入恐惧、逃避状态，把自己的痛苦深深地隐藏起来，到头来让不法分子逍遥法外，个人成长和发展遭遇严重挫折。

为了让孩子拥有美好的人生，为了让孩子减少成长的遗憾，父母朋友们要行动起来，在家庭教育中给孩子上好“性教育”这一课，让孩子学会自我保护。

家庭中“性教育”的缺位必然不利于孩子的健康成长，会给孩子日后的生活带来很大麻烦。有的父母对孩子遭受性侵害认知不够，有的父母觉得把关于性侵害的事情告诉孩子太残忍太残酷，这些做法看似“保护”了孩子，其实是在把孩子置于危险的境地。

让孩子了解外部世界的真实状况，孩子在危险面前就会有防范意识，遭到侵害的时候就懂得自我保护。所以，让孩子健康成长、避免遭受性侵害，最重要的是提高孩子的自我防范意识、学会自我保护。

◎父母要适时让孩子了解性保护的知识，并用通俗易懂的语言作出解释。比如，父母可以结合电视、报刊上的一些反面故事教育孩子，这个世界是复杂的，我们周围有一些不法分子，从而告诫孩子克制自己的好奇、侥幸心理，提高对行为后果的预知能力，减少冒险的行为，从根本上不给他人留下可乘之机。

◎父母要让孩子牢记下面这些基本原则：不与异性在过于隐蔽的环境中单独相处、尽可能夜间不要在外逗留时间过长或单独出行、不要轻易接受异性的约会邀请、不与异性到成年人的娱乐场所玩乐。

◎父母临时有事的时候，不要把孩子随便托付给他人。因为有些人，比如邻居或小朋友家长，大家虽然认识，但是你其实并不了解他的为人与底细。过于相信对方，很可能把孩子送到虎口。

◎父母要让孩子知道可能对自己造成侵害的各种人。除了陌生人以外，有时候孩子身边最熟悉的人，甚至是亲属、老师或其他非常熟悉的人，也可能对孩子进行性骚扰、性侵害。此外，施害者不一定是异性，也有可能是同性；施害者并不能凭借容貌分辨出来，有许多施害者的举止是文质彬彬的。让孩子了解这些，才能让他们有所防备。

当然，父母还要让孩子明白：世上只会有小部分的坏人因为某些缘故，会作出性侵犯的行为，而其他更多的人值得信任；要学会在适当的时候保护自己，而不是在任何时间对任何人都没有安全感，以及对任何事都失去信心。

最后需要指出的是，孩子受到伤害后，父母要用法律手段维护孩子的权益，并做好心理安抚工作。孩子受到侵害以后，出于无知、害羞、恐惧等原因，采取了不作为的态度。在此，父母要告诉孩子："遭受性骚扰、性侵害以后，要把事实说出来，懂得用法律维护自己的权益。"

但是，如果孩子不知道自己受到了侵害，或者担心受到恐吓，或者不愿意告诉父母，应该怎么办呢？最根本的方法是，父母要善于观察孩子的异常，及时发现孩子受到性侵害的蛛丝马迹。